2019년 가야학술제전 학술총서 04

가야 사람 풍습 – 편두

국립김해박물관

2019년 가야학술제전 학술총서 04

가야 사람 풍습 – 편두

2020년 7월 23일 초판 1쇄 인쇄
2020년 7월 30일 초판 1쇄 발행

지은이	김두철 배효원 김수환 김재현 고영민 이하얀
기획	오세연(국립김해박물관장)·이정근·김혁중(국립김해박물관)
북디자인	김진운
발행	국립김해박물관
	50911 경상남도 김해시 가야의길 190 국립김해박물관
	Tel. 055-320-6837 Fax. 055-325-9334
	http://gimhae.museum.go.kr
출판	(주)사회평론아카데미
	서울특별시 마포구 월드컵북로6길 56
	02-2191-1133
ISBN	979-11-89946-70-8 94910 / 979-11-89946-66-1 94910(세트)

2019년 가야학술제전 학술총서

04

가야 사람 풍습 — 편두

김두철 배효원 김수환 김재현 고영민 이하얀 ── 지음

국립김해박물관

일러두기

1. 이 책은 2019년 가야학술제전에서 발표, 토론한 내용을 수정 보완한 것이다.

	학술제전 주제	일정
1	문자로 본 가야	2019. 6. 1.
2	삼한의 신앙과 의례	2019. 7. 12.
3	삼국시대 마주·마갑 연구 성과와 과제	2019. 8. 30.
4	가야사람 풍습연구 – 편두	2019. 9. 27.
5	가야 직물 연구	2019. 10. 25.

2. 책 제목의 일부는 학술제전 주제의 성격에 맞추어 일부 변경하였다.

3. 학술제전의 토론은 주제별로 영상을 제작 편집하였다. 아래에서 토론 영상을 시청할 수 있다. https://www.facebook.com/517440405030443/posts/ 3161764983931292/?sfnsn=mo

차례

4　형질분석으로 본 예안리 인골

김재현

5　유라시아 편두의 분포와 의미

고영민

6 예안리유적 출토 편두의 특징과 성격
이하얀

1

金海 禮安里古墳群의
學史的 位置

金斗喆 부산대학교 고고학과

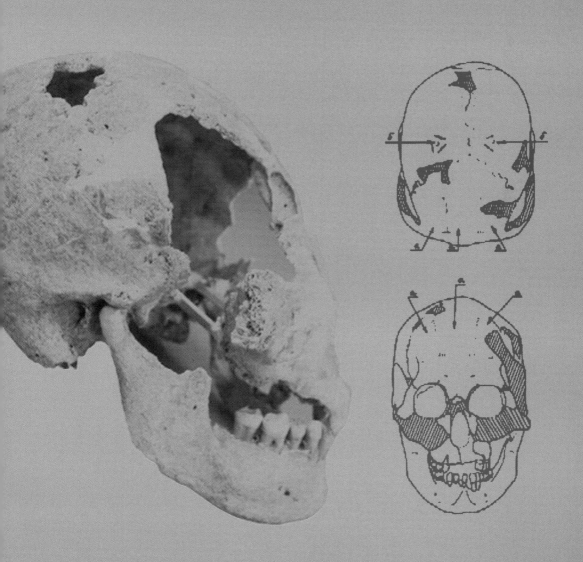

I.

김해 예안리고분군은 낙동강 하구변에 촌락을 형성하였던 민(民)들의 집단 묘역이다. 유적의 서북쪽 까치산(해발 342m)에서 동쪽 말산(해발 60m)으로 이어진 해발 10m 정도의 얕은 砂丘에 무덤군이 조영되었다. 발굴조사 지역은 당시의 행정구역으로 경상남도 김해군 대동면 예안리 시례(詩禮)부락 377-1번지의 전답이다. 이 유적의 학술적 중요성이 인정되어 1978년 6월 23일에 史蹟 제261호로 지정되어 오늘에 이르고 있다.

발굴조사는 1976년 4월 신경철·안재호 두 사람의 유적분포 조사가 계기가 되어 6월 국립박물관에 의해 처음 실시되었다. 국립박물관의 사정으로 인해 같은 해 7월부터는 부산대학교 박물관에서 이어서 실시하여 모두 4회의 연차발굴이 이루어졌다. 국립박물관 조사에서는 목곽묘·석곽묘·옹관묘 32기가 조사되었으며 부산대학교 박물관의 네 차례 조사에서는 모두 182기의 삼국시대 매장유구가 확인되었다. 이 밖에 신석기시대 추정의 원형적석유구 2기가 조사되었다.

[표 1] 김해 예안리고분군 발굴조사 내용

조사 기관		조사 기간	조사 내용	총수
국립박물관		1976.6.2-6.16.	목곽묘·석곽묘·옹관묘※ 32기	32
부산대 박물관	1차	1976.7.23-11.19.	목곽5, 석곽63, 석실8, 옹관12	88
	2차	1977.7.8-8.17.	목곽8, 석곽7, 석실2, 옹관1	18
	3차	1978.11.18-12.27.	목곽21, 석곽10, 석실1, 옹관1	33
	4차	1979.12.12-1980.1.10.	목곽25, 석곽13, 석실1, 옹관3	42

국립박물관 조사분에 대해서는 아직 보고서가 미간이다. 부산대학

교는 1차 조사분을 1985년에『金海禮安里古墳群 I』로, 2-4차 조사분을
『金海禮安里古墳群 II』로 도판편(1992년)과 본문편(1993)으로 나누어 발
간하였다. 이로써 영남지역의 삼국시대 고고학을 연구하는 데 초석을 마
련하였다.

예안리고분군 발굴조사의 학사적 의의는 매우 크다. 무엇보다 이 유
적을 특징짓는 두 개의 키워드는 '重複'과 '人骨'이다. 유구의 중복과 고
인골의 출토는 이 유적의 가치를 더욱 돋보이게 한다. 이에 대해서 이하
에서 설명토록 한다.

II.

앞서 발굴조사 현황에서 보았듯이 1차 조사에서는 석곽묘·석실묘·
옹관묘의 조사 기수가 압도적으로 많은 데 반해 3차, 4차 조사에서는 목
곽묘가 훨씬 많다. 이는 예안리고분군의 분묘 조영이 크게 3개의 층으로
이루어졌기 때문이다.

즉, 최하층에는 목곽묘와 소수의 석관계석곽묘(?)가 조영되고 중층
에는 주로 석곽묘와 그 배묘로 추정되는 옹관묘가 조영되며 최상층에 방
형의 횡구식석실묘가 조영된다. 따라서 후대의 경작 등으로 인해 최상층
의 석실묘는 완전하게 남은 것이 없고 대부분 시상과 1-2단 정도의 벽석
이 잔존하는 정도이다.

물론 이들이 뚜렷한 층을 이룬 것은 아니고 같은 종류의 묘제끼리도
중복현상은 많이 일어난다. 결국 이 좁은 사구지역이 오랜 기간 누대적으
로 이 일대 주민들의 공동묘역으로서 활용되었던 셈이다.

이러한 유구의 중복 현상을 통하여 예안리고분군은 물론이고, 그
지견을 바탕으로 한 전 영남지역의 삼국시대 묘제는 크게 목곽묘→석

곽묘→석실묘로 변천해간다는 것이 확실하게 되었다. 이 고분군이 발굴 조사되던 당시까지만 해도 일반적으로 가야의 대표 묘제는 수혈식석곽묘로 알려져 왔었다. 하지만 목곽묘도 크게 성행되었음을 알게 된 것이다.

지금의 관점에서 보면 가야의 묘제는 전기에는 목곽묘가 중심묘제이며 후기에는 석곽묘가 중심묘제이다. 이 가야후기에 해당하는 시기에 경주에서는 독자적인 적석목곽묘가 유행한다. 석실묘는 가야 멸망 무렵을 전후해 백제나 신라 등으로부터 파급된 묘제이다. 따라서 엄격히 말해 예안리고분군의 석실묘는 가야 시기의 무덤은 아닌 셈이다.

예안리고분군의 유구 중복 현상은 묘제의 변천뿐만이 아니라 영남지역의 삼국시대 유물의 편년을 확립하는 데도 결정적으로 기여하였다.

주지하다시피 추가장이 이루어지는 석실묘를 제외한, 대다수를 이루는 목곽묘·석곽묘와 같은 무덤 유구에서 출토되는 부장품은 '一括遺物'의 관계를 보여주는 대표 예이다. 예안리 사람들의 내세관과 현세에서의 그들의 신분적 위치는 과하게 많지도 그렇다고 적지도 않은 적당한 수량의 유물을 부장품으로 함으로써 일괄관계를 보여주는 좋은 자료를 제공해준다.

여기에 대부분의 무덤들이 중복관계에 있었으므로 선축 유구와, 이를 파괴하거나 그 상부에 설치된 후축 유구에 포함된 일괄유물들은 단순한 일괄유물의 검증 단계를 넘어서서 층위학적 검증까지 적용 가능하여 매우 엄정하고 유효한 편년지표 자료가 되었다.

이렇게 하여 구축된 예안리고분군의 유구와 유물의 편년은 알게 모르게 이후 가야·신라의 고분과 부장품의 편년 연구에 시금석과 같은 존재가 되었다. 부장유물이 적은 고구려·백제 고고학과 비교하여 후장이 성행하였던 영남지역의 가야·신라 고고학 연구가 훨씬 활성화될 수 있었던 계기도 여기서 찾을 수 있다. 유구와 유물의 선후관계를 명확히 할 수 있었기 때문이다.

영남지역에서 삼국시대를 연구하는 사람들에게는 신이 내린 선물이라고도 할 수 있을 정도로 행운을 안겨다 준 일이지만, 예안리고분군의 발굴조사가 우리나라 삼국시대 고고학에 끼쳤던 지대한 영향과 학사적 의의를 '유구 간 중복과 편년 구축'이라는 점에서 구하고 싶다.

III.

하지만 예안리고분군의 편년은 가야·신라고고학 편년의 큰 줄기를 세우는 데는 역할을 하였지만, 세부적으로 들여다보면 여전히 문제가 남아 있다. 그것은 첫째, 고분군 조영이 항시적으로 이루어졌던 것이 아니란 점이다. 즉, 가야 전기에서 후기로의 전환기에 해당하는 5세기 1/4분기나 금관가야 투항에서부터 신라의 방형계석실묘가 정착하는 시기까지의 무덤 조영이 안정적이지 않다. 후자는 신라의 후기양식 토기의 확산 문제와도 관련이 있다. 또 종래의 통일기양식 단계를 후기양식과 통일양식으로 나누게 된 것도 그러한 공백을 반영한다.

따라서 이 무렵의 편년 구축에 치밀도가 떨어진다. 이 문제는 다른 유적과의 비교를 통해 보완할 필요가 있다. 다만 해당 시기들은 당시의 영남지역 토기문화가 급변하던 시기에 해당하고 동시에 김해지역이 각각 크게 쇠퇴해가던 시기에도 해당한다. 예안리유적을 포함한 김해지역이 영남지역 주류에서 벗어나는 때이므로 다른 중심지역의 토기 편년망을 적극 활용할 필요가 있다.

둘째, 예안리고분군의 편년은 중심부가 아닌 주변부의 편년이란 점이다. 특히 후기가야 시기의 편년은 더욱 그러하다. 예를 들어 5세기 후반대의 內斜向 각단의 2단투창 3단각고배는 인근 부산 복천동고분군의 토기를 차용한 것으로 판단된다. 물론 6세기 대에 김해식의 단각

고배로 불리는 독자의 토기가 생산되기도 하지만 주류를 점하지는 못한다.

　여기서 '周邊部 編年'이라 칭한 것에는 다른 이유가 있다. 최근 발표자는 부장유물의 편년에는 단순한 타이폴로지적 관점만으로는 결코 참[眞]에 접근할 수 없다는 것을 확인하였다. 이는 금속유물도 포함한 공반유물의 검토를 통해서 얻은 결론이다. 다시 말해 복천동 10·11호분, 지산동 73호분, 옥전 M3호분 등등과 같이 당대의 최고 엘리트층에게는 가장 선진 형식의 유물이 집중하고 새로운 고안의 창작물도 독점된다는 사실이다.

　따라서 지역 간에는 중심지를 구하고, 집단 간에는 계층을 고려하여 유물의 편년안을 작성해야 한다는 점을 강조한 바 있다. 주변지역이고 하위 계층일수록 오래된 속성을 고수한 형식의 유물이 부장되기 때문에 이들 간에 편년이 서로 뒤바뀔 우려도 있어 일괄유물을 고려한 신중하고 충분한 검토가 요구된다. 이 자리에서 일일이 설명할 수 없지만, 이러한 현상들은 실전에서는 다양한 형태로 자주 발견된다.

　한 예를 들면 종래 김해 예안리고분군의 편년관에 따르면 2단투창 2단각 고배 일색인 황남대총 남분은 5세기 후엽에 비정되어 이 편년관을 따르던 이들은 누구도 이 고분을 신라 왕릉에 비정하는 데 주저하였었다. 하지만 황남대총 남분의 이 형식 고배가 획기적인 채용이며 오히려 경주 주변부의 3단각보다 선행한다는 사실이 밝혀지면서 편년관에 변화가 생기게 되었다. 다시 말해 주변부에 해당하는 예안리고분군에서는 황남대총 남분 축조 이후의 5세기 후반대에 3단각을 취하다가 차차 2단각으로 이행해가는 양상을 보인다. 중심부와 주변부의 편년을 구분할 필요가 있는 셈이다.

　어쨌든 여기서 필자가 가장 지적하고 싶은 것은 예안리고분군은 유구의 중복과 일괄유물 관계를 통하여 영남지역 가야·신라의 편년관을 구축하는 데 지대한 공헌을 하였다는 점과 앞으로 이러한 편년관은 다양한 형태로 조정되고 수정되어 보다 치밀한 편년체계를 구축하는 방향으로 나아가야 한다는 점이다.

IV.

　김해 예안리고분군의 주목되는 특색 중 또 하나는 古人骨의 출토이다. 옹관에 이르기까지 대부분의 무덤에서 고인골이 출토되었다. 당시는 유물로서 등재조차 되지 않았지만, 실로 당대의 엄청난 정보를 품고 있는 보고이다.

　발굴조사가 끝난 뒤 보고서를 간행하기까지 고고학 분야만이 아니라 형질인류학에서도 인골을 복원 연구하는 오랜 기간의 한일 공동연구가 있었다. 1976년에서 1992년까지 연 1회 또는 2회씩 모두 20차례나 되는 공동연구는 대부분 자비로 진행되었다. 聖마리안나 치과대학 해부학교실과 鹿兒島대학 치학부의 小片丘彦·吉田俊爾 교수팀과 부산대 의과대학 해부학교실의 金鎭晶 교수팀의 피땀 어린 노력을 결코 간과할 수는 없다.

　이러한 공동연구의 결과로서 당시 예안리인들의 신체적 특징은 물론이고 외상·병변·형태이상예 등등의 고병리학적 소견이나 變形頭蓋(Y85, Y99), 풍습적 발치(Y87) 등 당시인의 풍습들이 밝혀졌다. 특히 변형두개의심까지 포함하여 10예나 되는 변형두개는 『魏志韓傳』에 전하는 '兒生便以石壓其頭欲其褊今辰韓人皆褊頭'의 물증이 되고 있다. 이번 연구회가 이 '褊頭'를 주요 주제로 삼고 있기에 많은 기대가 된다.

　한편, 발표자는 종래 이렇게 공들여 얻어낸 형질인류학적 정보와 고고학의 물적 자료를 서로 결합하여 '어떤 새로운 지견을 얻어낼 수는 없을까' 하는 점에 착안한 바 있다. 그래서 출토 인골의 性·年齡 정보와 피장자가 묻힌 무덤과 부장품의 상호 관련성을 검토하였다. 어설프지만 그 결과를 '性·年齡을 통한 社會構造 復元 試案'이란 부제를 달고 발표하였다. 내용을 간략히 소개하면 다음과 같다.

① 예안리人의 사망 평균연령은 新生兒까지 포함하면 25.13세(143구), 신생아와 1년 미만의 乳兒를 제외한 평균연령은 26.42세(136구), 5세 미만의 幼兒도 제외한 평균연령은 33.76세(103구)이다. 여기서 구해진 사망평균연령 25~(34)세는 당시의 한 개인의 평균적인 생존기간으로 볼 수 있다.

따라서 이들이 가계를 영속시키고 나아가 그들의 사회를 유지하기 위한 세대구성은 짧게 본다면 12~13년을 단위로 하지 않으면 안 된다. 이 25~(34)세의 단위는 현재 우리 고고학계에서 행하는 한 세기의 4분기법(25년)이나 3분기법(전, 중, 후엽의 각 33년 정도)의 편년단위와 거의 일치한다. 그것의 반을 한 단위로 파악하는 분기법의 타당성을 여기서 구할 수 있다.

② 횡구식석실분을 제외하고 인골과 부장유물의 성격 관계를 보면, 무기류 중에서 성과 연령관계를 가장 반영한 것은 철모(25기에 27점)이다. 장년 이상의 성인무덤에서만 출토되며 남성점유율(약 87%)이 극히 높은 점으로 보아 남성 戰士 集團의 상징적 소유무기였을 가능성이 높다.

반면 철도(8기에 21점)는 예안리에서는 8기 모두 6세기 전반~중엽이라는 한정된 시기에 출토되며 장년 이상의 무덤에서 출토되기는 하나 성별을 알 수 있는 2기는 모두 여성이다. 이 무덤들은 예안리에서 馬具가 출토된 고분이기도 하여 개인적 위세를 반영하기는 한다. 다만 예안리에서는 소환두대도 한 점을 제외하고 나머지 20점이 직도란 점에서 장식대도가 출토되는 다른 유적과의 계층관계는 비교가 된다.

화살촉(35기에 238점)은 남성 보유가 약간 우세하게 나오긴 하여도 성을 한정할 수 없으며 소아나 약년의 무덤에서도 출토된다. 또한 10점 이상 보유한 고분도 5기이지만, 1~3점만을 보유한 무덤도 23기나 되어 무덤 부장 시에 어떤 상징적 의미를 지녔을 가능성이 있다.

③ 농·공구류는 철도자(63기에 72점)가 가장 많은 무덤에서 출토되며 幼兒, 소아, 성과 상관없이 전 연령에서 출토되며 대부분 허리쯤에 차고 있어 일상생활에서 가장 많이 사용된 필수 다목적 용구였음을 보여준다.

철겸(54기에 55점)은 성별 구분 없이 비슷한 비율로 출토되며 소아 1기를 제외하고 약년 이상의 무덤에서 출토된다. 특히 약년은 대부분 철겸을 보유하여 이 연배들이 농경을 기간산업으로 한 농경집락에서 노동력을 제공함으로써 자신들의 사회적 지위를 확보하였던 것으로 보인다.

철부(주부: 7기에 10점, 단부: 38기에 51점)는 많은 고분에 부장되는데, 성비 구별은 뚜렷하지 않고 주로 장년 이상의 무덤에 보유된다. 철겸에 비해서는 남성 보유율이 높아 물리적 노동력 차이의 반영이라 생각된다.

④ 그 밖의 부장유물에서 주목되는 것은 먼저 기대이다. 기대(18기에 30점)는 약년에는 전혀 부장되지 않고 장년에서도 소수자에 한정되며 다른 유물에 비해서 숙년 이상의 고령자에게 집중된다. 장~숙년의 무덤 중에서는 기대를 보유한 무덤의 규모가 그렇지 않은 무덤보다 훨씬 커서 연령과 관계 깊은 신분상징물의 하나로 간주된다.

방추차는 6기 중 성별을 알 수 있는 4기가 모두 여성이어서 성별을 반영한 대표 유물이다. 단, 이는 다른 유적에도 무작정 적용할 수는 없다.

⑤ 성·연령과 무덤의 크기 관계를 보면, 목곽묘(묘광 크기 기준)나 석

곽묘(석곽의 길이 기준) 모두 대체로 연령 기준에 따라서 무덤의 규모가 커지는 것으로 나타난다. 다만 석곽묘 단계에는 장년층에 이르러 사회분화가 진행한 결과로 우월한 자가 나타나며, 특히 약년층의 무덤 크기가 장년층과 같아 그들의 사회적 역할이 신장된 것으로 보인다.

⑥ 한편 무덤의 규모와 함께 부장유물의 종류와 수량까지 고려해 보면, 유물의 총 수량은 엄격하지는 않아도 군을 나눌 수 있을 정도로 무덤 크기의 증대와 마찬가지로 연령의 상승에 상당히 비례하는 경향을 보여준다.

이상의 분석을 토대로 예안리고분군 조영집단의 사회 내부구조를 살펴보면 다음과 같은 추론들이 가능하다.

⑦ 유물 분석을 통해서 보면, 예안리 사회는 농업을 그들의 基幹産業으로 하는 基層農民들로서 집단을 이루고 있었다. 이는 농·공구류, 특히 철겸과 같은 수확농구가 性에 관계없이 若年 이상의 모든 可用勞動力을 지닌 피장자에게서 고루 출토되는 것에서 알 수 있다.

⑧ 또 예안리유적에서는 무기류가 출토되는 분묘에 농·공구류의 공반율이 높은 것에서 보아 '半農半戰的' 성격을 갖는다. 이때의 '戰'은 '動員軍事力' 내지는 '常備軍'의 의미도 있겠으나, 지역집단의 질서와 안녕을 도모하기 위한 '警察力'의 기능이 강하였다고 판단된다. 이는 철모의 보유형태에서 보아 장년 이상의 남성들이 담당하였음을 알 수 있다.

⑨ 유구 분석에서는 연령이 많을수록 무덤이 크고 부장유물의 종류와 수량이 많으며 또 器臺가 최연장자 그룹에 한해 출토된다는 사실에서 예안리 집단에서는 그 사회적 지위가 주로 연령에 의해 크게 좌우되는 일

종의 年齡集團(age group)을 형성하였다고 판단된다.

⑩ 幼·小兒, 若年, 壯年, 熟年, 老年의 각각을 하나의 年輩(age-set)로
한 年齡段階(age grade)로 간주한다면, 유·소아에서 약년으로 옮겨가면
서―적어도 여성의 경우―그들의 노동력을 공동체의 생산활동에 제공
하고, 장년으로 옮겨가면서 남성은 戰士集團으로서 공동체의 안녕을 위
한 경찰 의무를 담당하고 비상시에는 동원되어 군사력을 제공하였을 것
으로 추정된다.

⑪ 또한 예안리 사회는 그 세력이나 구성원의 과다에도 불구하고 연
령에 따라 사회적 지위나 권력·위신이 상승하는 長老制(gerontocracy)
사회를 이루고 있었을 가능성은 극히 높다.

⑫ 일반적으로 年齡階梯制나 長老制의 경우는 여성을 배제하고 적
응되는 것으로 알려졌으나, 예안리에서는 유물 수량이나 유구의 크기 등
에서 본다면, 사회적 역할에 다소간 차이가 있을지라도, 연장자가 사회적
경의를 받는다는 점이나 財力의 보유에서 남녀 간에 성차가 크게 드러나
지 않는 특징을 보인다.

⑬ 정리한다면 예안리고분군 조영집단은 일정 지역에 기반을 둔 몇
개인가의 혈연 친족조직으로 구성되어 있으나, 그 사회 내부적으로는
성·연령에 따른 年齡階梯制 내지는 長老制와 같은 집단 구성원리가 보
다 더 강하게 작용하고 있음을 알 수 있다.

지금까지 필자의 구고를 일부 소개하였으나, 예안리고분군의 고인
골이 제공해주는 정보는 많다. 이를 적극 활용한다면 물질자료에 박제된
새로운 지견을 이끌어내는 데 유용할 것이다.

다시 강조하지만 예안리고분군을 떠올릴 때 '유구의 중복관계'와 '고인골의 대량출토'는 매우 중요하다. 이를 통해서 영남지역 삼국시대 편년체계의 골격을 만들 수 있었다. 또 고대사회를 이해하는 데 있어 고고자료만으로는 알 수 없는 많은 정보를 확보하였다. 이 점에서 학사적 의의를 찾고자 한다.

참고문헌

姜仁求, 1976,「金海禮安里의 伽倻古墳群 발굴조사 약보」,『박물관 신문』60.

金斗喆, 2000,「金海 禮安里遺蹟의 再檢討 −性·年齡을 통한 社會構造 復元 試案−」,『한국 고대사와 고고학』, 鶴山 金廷鶴博士 頌壽紀念論叢, 학연문화사.

_____, 2011,「皇南大塚 南墳과 新羅古墳의 編年」,『韓國考古學報』80, 한국고고학회.

_____, 2015,「編年·分期에서의 型式學的 접근사례에 대한 비판적 검토」,『考古廣場』, 부산고고학연구회.

申敬澈, 1989,「三韓·三國·統一新羅의 釜山」,『釜山市史』1, 釜山市史編纂委員會.

_____, 1992,「金海 禮安里 160號墳에 대하여−古墳의 發生과 관련하여−」,『伽耶考古學論叢』1, (財)駕洛國史蹟開發研究員.

_____, 2000,「金官加耶 土器의 編年」,『伽耶考古學論叢』3, 伽耶文化研究所.

국립김해박물관, 2015,『뼈? 뼈!』.

釜山大學校博物館, 1985,『金海禮安里古墳群 I』.

_____, 1993,『金海禮安里古墳群 II』.

武末純一, 1992,「韓國·禮安里古墳群の階層構造」,『古文化談叢』28, 九州古文化研究会.

田中良之, 1996,「埋葬人骨による日韓古墳時代の比較」,『4·5세기 한일고고학』, 영남·구주고고학회.

2

禮安里遺蹟 偏頭 人骨 出土 古墳의 性格 檢討

裵孝元 부산대학교박물관

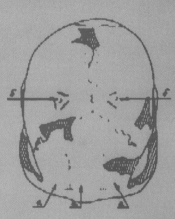

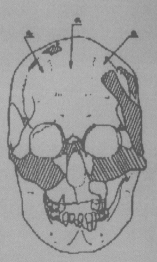

I. 序言

김해 예안리유적은 1976년 6월 2일부터 16일까지 국립박물관에 의해 석곽묘·목곽묘·옹관묘 등 32기의 분묘가 조사되었다(姜仁求 1976). 이후 부산대학교박물관에 의해 1976년 7월부터 1980년 1월까지 4차에 걸친 발굴조사 결과 목곽묘·석곽묘·석실묘·옹관묘 등 182기의 분묘유적이 조사되었다(釜山大學校博物館 1985, 1993).

발굴조사 당시 개간에 의해 전답으로 이용되고 있었으며, 조선총독부에서 발간한 1 : 25,000지도에 의하면 조사구간은 해발 10m 정도의 나지막한 구릉이었던 곳으로, 4차에 걸친 발굴조사로 인해 고분군의 극히 일부만 조사되었음에도 불구하고 4세기에서 7세기의 시기 동안 목곽묘·석곽묘·석실묘 등 214기의 묘제가 조사되었고 성과 연령의 판별이 가능한 전 연령의 인골이 210개체 발견되었다. 다양한 묘제가 좁은 범위 내에 중복 조영되어 묘제의 변천과 세밀한 편년(釜山大學校博物館 1985, 1993)을 가능하게 하였고, 양호한 상태의 인골이 많이 출토되어 다양한 분석이 이루어졌다(金鎭晶 외 1985; 金鎭晶 외 1993).

예안리유적에 대한 연구는 토기와 묘제를 중심으로 이루어졌다. 다 세대 간 이어진 유구의 중복 양상을 통해 목곽묘→석곽묘→석실묘로 변화하는 양상을 밝혀낼 수 있었고, 형식학적 분석법과 유물조합상의 검토를 통해 삼국시대 토기 편년을 정립할 수 있었다.

이와 더불어 다수의 인골이 출토되어 연령과 성별의 분석을 통한 사회 구조에 대한 연구(武末純一 1985; 田中良之 1996; 金斗喆 2000; 金承玉 2001)가 이루어졌으며, 최근에는 편두[1] 인골이 출토되어 이에 대한 연구

....

1   최치원이 지증대사(智證大師) 도헌을 현창하기 위해 893년(진성여왕 7) 聞慶 鳳巖寺 智證大師塔碑에 새긴 비문에 편두거매금지존(偏頭居寐錦至尊)이라는 기록이 남아 있다. 『삼국지』 위서 동이전 한조에 今辰韓人皆褊頭라는 기사를 근거로 편두의 한자를 褊頭로 표현하지만 본

(경주시·신라문화유산연구원 2016; 李在賢 2017)가 이루어지기도 하였다.

　　본고에서는 예안리유적에서 출토된 인골의 형질인류학적 분석 자료를 바탕으로 편두 인골을 조사한 뒤, 인골이 출토된 유구의 유물조합상을 검토하고자 한다. 이를 통해 편두 인골이 출토된 유구의 성격을 살펴보고 예안리유적에서 출토된 편두의 의미를 살펴보고자 한다.[2]

II. 禮安里遺蹟 人骨 出土 遺構의 檢討

1. 對象 遺構의 選定

　　예안리유적에서는 총 210개체의 인골이 출토되었다. 이 중 성인이 151개체로 71.9%를 차지하였고, 미성인은 59개체로 28.1%를 차지하였다(釜山大學校博物館 1985). 성인의 경우 남성 인골이 51개체, 여성 인골이 60개체로 거의 1 대 1의 비율을 보이고 있으며 성별을 알 수 없는 인골도 40개체가 확인된다. 미성인의 경우 신생아에서 소아로 보이는 51개체의 인골 모두 성별의 판별은 불가능하였으며 성별의 판별이 가능한 약년 이후의 인골은 총 8개체로 여성이 5개체, 성별 불명이 3개체로 확인되었다.

[표 1] 연령별 명칭(釜山大學校博物館 1985)

연령	명칭
1년 미만	乳兒(유아)
만 1~5세	幼兒(유아)
만 6~11세	小兒(소아)
만 12~19세	若年(약년)
20·30대	壯年(장년)
40·50대	熟年(숙년)
만 60세 이상	老年(노년)

....

　　고에서는 우리나라에서 실제로 사용했던 최치원의 智證大師塔碑를 근거로 偏頭라는 한자어를 사용하고자 한다.

2　예안리유적 인골에 대한 조사에는 부산대학교박물관 김두철, 안성희, 이재진 선생님, 부경대학교 이하얀 선생님의 도움을 받았다.

[표 2] 예안리유적 출토 인골의 성·연령 구성(釜山大學校博物館 1993)

	年齡區分		男性	女性	不明	計	
未成人	1個月	新生兒	-	-	2	2	59 (28.1%)
	1歲	乳兒	-	-	5	5	
		幼兒	-	-	33	33	
	6歲	小兒	-	-	11	11	
	12歲	若年	0	5	3	8	
成人	20歲	壯年	13	28	4	45	151 (71.9%)
	40歲	壯年~熟年	3	7	1	11	
		熟年	11	14	0	25	
	60歲	老年	2	1	0	3	
不詳			22	10	35	67	
計			51	65	94	210	

210개체의 인골 중 편두로 보고된 인골은 10개체로 장년의 남성 2개체, 장년의 여성 2개체, 숙년의 여성 4개체, 약년의 여성 1개체, 5~6세로 추정되는 성별 불명의 소아 1개체이다. 편두 인골로 보고된 10개체 모두 4세기 대에 해당하며 5세기 이후의 인골에서는 편두가 확인되지 않는다(釜山大學校博物館 1993).

따라서 본 장에서는 편두가 확인되는 4세기 대의 유구를 분석 대상으로 하여 유구 및 유물을 검토하였다. 대상 유구의 선정에는 [표 3]의 예안리고분군 발굴조사보고서 I·II의 편년표를 참조하였으며 연대차가 나는 일부 유구는 논지 전개의 통일성을 위해 예안리고분군 전 유구의 편년안이 제시되어 있는 예안리고분 II의 연대를 따랐다. 또한, 4세기 후반에서 5세기 초반으로 비정되는 유구는 필자의 신식도질토기 편년안(裵孝元 2018)을 고려하여 49기의 대상 유구를 선별하였다.[3]

....

3   예안리25·87·97·110·111·113·130호분의 경우 연구자마다 4세기 후반 또는 5세기 전반으

[표 3] 예안리고분군 Ⅰ·Ⅱ 편년 비교(김두철 2000)

「禮安里 Ⅰ」과 「禮安里 Ⅱ」의 편년안 비교표

『禮安里Ⅰ』(申敬澈)의 편년안			절대연대	『禮安里Ⅱ』(安在晧)의 편년안		
분기	추정	해당고분		해당고분	가능	분기
Ⅰ	a	74	300	112. 123. 74. 132. 90. 92. 160. 99/ 105. 106. 131. 136. 143. 156. 164. O옹	75. 85. 108. 115	Ⅰ
	b	11. 12. 31. 68	350	93-100. 104-118. 107. 77. 138. 144. 147. 140. 141. 151. 109/ 119. 129. 139. C옹 (주)		Ⅱ
	c	14. 22. 25. 76		31. 68. 133. 111. 117. 76. 148. 97. 159. 86. 89. 110. 116. 113. 87/ 11. 25. 103. 120. 124. 150	12. 142 / L옹 N옹	Ⅲ
Ⅱ	a	15. 23	400	22. 23. 146. 84. 149. 94. 130. 15. 9/ 14	37. 121. 145	Ⅳ
	b	9		2. 3. 19. 26. 35. 36. 41. 28. 32. 45. 66. 71. 72. 122. 158. 126. 102. 16. 47. 52. 56. 114. 134. D.E.F.G.P.K옹	67. 161 / 81.	Ⅴ
	c	4. 29. 37. 48. 56. 73. C.L옹 / 35. 36. 70. K옹	450			
	d	3. 16. 19. 41. 45. 47. 66. 71. 72		8. 65. 21. 27. 64/ 1. 4. 29. 53. 63. 70. 157. A.B.H.I옹	73. 83. 128. Q옹 / 82. 91. 162.	Ⅵ
	e	1. 18. 53. 58. 59. J옹 / 8. 21. 26. 27. 28. 32. D.E.F옹	500	13. 42. 38. 44. 39. 10. 20. 62. 54. 43/ 48. 59	163	Ⅶ
	f	6. 7. 10. 20. 38. 39. 43. 44. 46. 51. 54. 57. 62. 63. 64. 65. A.B.G.H.I옹		61. 6. 24. 152. 51. 7. 57. 46. 98. 165. 125. 55. 154/ 58. 155. J옹	79	Ⅷ
Ⅲ	a	13. 24. 42. 55. 61	550			
	b	5. 40. 49. 50		80. 34. 40. 5. 49. 50. 78. 33. 153		Ⅸ
	c	17. 30. 33. 34	600 / 650	17. 30. (49)		Ⅹ

「禮安里 Ⅰ」과 「禮安里 Ⅱ」의 편년안 편차표

申	Ⅰb	Ⅰc		Ⅱa	Ⅱb	Ⅱc		Ⅱc,d						Ⅱd	Ⅱe		Ⅱe,f			Ⅱf				Ⅲa	
號數	all	25. 76	14. 22	all	9	35. 36. K	70	C	L	37	56	4. 29. 73	48	all	8. D. 28. E. 32. F	8. 21. 27	1. 53	59	58. J	G	63. 64. 65. A. B. H. I	10. 20. 38. 39. 43. 44. 54. 62	6. 7. 46. 51. 57	13. 42	23. 55. 61
安	Ⅲ		Ⅳ	Ⅴ	Ⅵ	Ⅰ	Ⅲ.Ⅳ	Ⅳ	Ⅴ	Ⅵ	Ⅶ	Ⅴ	Ⅵ	Ⅶ	Ⅷ	Ⅴ	Ⅵ	Ⅶ	Ⅷ					Ⅶ	Ⅷ

2. 人骨 出土 遺構의 檢討

검토 대상 유구는 예안리유적의 4세기 대 유구 49기로 세부 사항은 [표 4]와 같다. 우선 선행 연구(武末純一 1992; 田中良之 1996; 金斗喆 2000; 金承玉 2001)를 살펴보면 성·연령별 유구의 면적이나 중복 관계, 유물 부장 양상 등을 공통적으로 분석한 것이 확인된다. 이를 통해 예안리 사회를 연령이나 성별에 관계없이 신분적인 계층차에 의해 나눠지는 사회(武末純一 1992)로 보거나, 사회적 지위가 연령에 의해 크게 좌우되는 年齡集團(金斗喆 2000; 金承玉 2001)으로 보기도 하였다. 또한 성별의 분석을 통해 兩系社會(田中良之 1996; 金斗喆 2000)로 보기도 하였고, 양계사회로 보는 것에 대해 부정적인 견해(金承玉 2001)도 제시되었다. 이러한 선행 연구를 바탕으로 본고에서는 편두 인골이 출토된 유구의 특징을 도출해내기 위해 성·연령별 유물 부장 양상, 유구의 면적 등의 속성을 다각적으로 검토하였다.[4]

武末純一은 유구의 크기와 유물 조합상을 근거로 A·B군으로 구분하였다. A군은 석곽·석실의 길이가 190~280cm이고, 도자·철촉·단조철부·철겸을 기본 조합으로 매장하고 5세기 중엽 이후는 이식도 부장되는 무덤군으로 일반성원으로 파악하였고, B군은 석곽·석실의 길이가 300cm 이상이고 A군에 보이지 않는 탁·대도·도·마구·철정이 부장되며 도자 및 철촉의 수도 많아진 무덤군으로 수장층으로 보고 A군과 B군의 차이는 신분적인 계층차를 나타내는 것으로 파악하였다(武末純一 1992).

이에 반해 金斗喆은 묘광 길이 220cm, 320cm를 경계로 연령에 따른 3개의 군으로 나누어 무덤의 크기는 기본적으로 연령에 비례한다고

....

4   선행 연구는 4~7세기에 걸쳐 분석한 결과로 편두 인골이 출토되는 4세기 대의 양상은 세부적으로 다를 수 있음을 밝혀둔다.

보았다(金斗喆 2000). 金承玉도 목곽묘의 묘광의 크기가 연령에 따른 차
이를 보이는 것으로 보았으며, 남성 무덤의 장축 길이가 여성 무덤의 장

[표 4] 예안리유적 4세기 대 유구·유물 조견표

시기	호수	성별	연령	종류	장축	두향	편두	발치	출산	면적	모	촉	도자	부	겸	기타	장신구	고배	호기대	기타토기	비고
4C전	O호옹관	불명	신생아	옹관																	
4C전	106	女	약년(14~15세)	목곽	동-서	동	의심		X	192?*128?					1		호박1,수정2				파괴
4C전	156	女	장년조	목곽	동-서	동			X	261*110			1							옹1	
4C전	92	불명	장년	목곽	동-서	동				280?*191?			1	2					단노1	단4	파괴
4C전	105	女	장년	목곽	동-서	동			O	224*153			1							단1	
4C전	108	女	장년	목곽	동-서	동			O	280?*130*15			1	1						단2	
4C전	115	女	장년	목곽	동-서	동			O	파괴											파괴
4C전	131	男	장년	목곽	동-서	동	의심			226*107										단1	
4C전	132	女	장년	목곽	동-서	동	의심		X	310*175									단노1	단1,옹1	
4C전	143	女	장년	목곽	동-서	동				400*205*30			1	1	1	사1				단1,옹1	
4C전	112	불명	장~숙년	목곽	동-서	동				362*232	1		1	2			마노4,유리2			단3	
4C전	160주	불명	성인	목곽	동-서	동				215?*285	1	69		2		착2			단노1	단2,옹2,유대호1	반굴
4C전	160부			목곽						315*150?										단9	주부곽
4C전	74	男	성인	목곽	동-서	동				470*250	2	12		3					단노1	옹1,유대호1	파괴
4C전	85	女	숙년	목곽	동-서	동	편두		O	175*145											반파
4C전	90	女?	숙년	목곽	동-서	동			X	380*200 (320*140)		10	1	1	1	사1			단노1	단5,옹1,유대호1	
4C전	99	女	숙년	목곽	동-서	동	편두			350*155			1	1					단노1	단4,옹1	
4C전	136	男	숙년	목곽	동-서	동		?		356*180?		4	1		1						파괴
4C중	140	불명	유아(2~3세)	목곽	동-서	동				246*126*61 (183*74)							곡옥,구슬	외1		단2	
4C중	119	불명	유아(3세)	목곽	동-서	동				195*87										단1	
4C중	139	불명	유아(3세)	목곽	동-서	동				280*130										단1	
4C중	147	불명	유아(3~4세)	목곽	남-북	북				260*140			1					외1		단1,광1,소1	
4C중	141	불명	유아(5~6세)	목곽	남-북	북	의심			293*150 (188*66)								외1		단2,옹1	
4C중	77	불명	소아(6세)	목곽	동-서	동				435*95*75 (300*90)											
4C중	144	불명	소아(6세)	목곽	동-서	동				245*107 (170*53)			1				마노1,유리1	외1		단1,옹1,광1	
4C중	129	女	장년	목곽	동-서	동	상악전치		O	267*165 (205*55)						꺾4		외1			
4C중	109	女	장년	목곽	동-서	동			X	366*156*50			1	1	1	1				단3	파괴
4C중	77	男	성인	목곽	동-서	동				435*95*75 (300*90)	1	3	1	2	1		마노2,패제장식1			단2,옹1,컵2,광1	
4C중	107	男	숙년	목곽	동-서	동				375*180*55	1	2	1	2						단3	
4C중	100주	女	숙년	목곽	동-서	동	의심		O	425*230		2		2		침1,꺾7	곡1,마노1			단1,파호1	100-93
4C중	93부			목곽						180*230				1	1					단4,대단1	파괴
4C중	104주	男	숙년	목곽	동-서	동				455*280*91	1	31		2		유자1,꺾6		외1	단노1		104-118
4C중	118부			목곽						220*250*30			1						단노1	단8,옹2	
4C중	138주	女	숙년	목곽	동-서	동	의심			400*215*110			1			산1,꺾		외2	통1,노1	파괴	주부곽
4C중	138부			목곽						215*196*54					1	방추차1			단노2	단4,옹1	교란
4C중	151주	女	숙년	목곽	동-서	동	치아과밀			431*140 (276*70)										광1	주부곽
4C중	151부			목곽														외1	단노1,노1	연질완1,컵1	
4C후	76	불명	유아(1.5세)	목곽	동-서	동				270*160*90										광1,옹1,직구호1	
4C후	14	불명	유아(1.5세)	석곽	남-북	북				186*42*65						유리옥32,소옥2		외1			도굴
4C후	N호옹관		유아?	옹관																	
4C후	89	불명	유아(1~2세)	목곽	동-서	동				230*120*40			1					외1		단1	
4C후	31	불명	유아(2세)	석곽	동-서	동				125*50								외1		단1,옹1,컵2	
4C후	120	불명	유아(2~3세)	목곽	남-북	북				138*69						유리1		외1		옹1	
4C후	103	불명	유아(2~3세)	목곽	북동-남서	북동				145*95*20?								외1			
4C후	11	불명	유아(4세)	석곽	동-서	동				150*60*66								외1			
4C후	148	불명	유아(5세)	목곽	동-서	동				205*103*35 (155*45)			1					외2		단1,옹1,광1,소1	
4C후	68	불명	소아(6세)	석곽	동-서	동				176*53*55			1					외1		단1	
4C후	134	불명	소아(6세)	목곽	동-서	동				150*115						유리13					파괴
4C후	12	男	장년	석곽	북서-남동	북서				190*50*50		1									
4C후	116	男	장년	석곽	동-서	동				265*76	1		1	2				외1		단1	
4C후	150	男	장년	목곽	동-서	동	의심	?		421*218	3	15	2	2	1	종장판주1,					교란
4C후	137	女	장년	목곽	동-서	동	의심			210?*80											반파
4C후	142	女	장년	목곽	남-북	북		상악좌구치		126?*107	1										반파
4C후	86	女	숙년	목곽	동-서	동			X	330*157*60			1		1			외3		단2,광1	
4C후	133	女	숙년	목곽	동-서	동			O	326*137 (242*65)								외2,일렬1		대파호1	

[그림 1] 성·연령별 유구 장·단축 길이

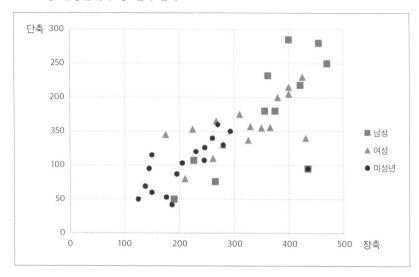

축 길이보다 큰 것은 신장 차이[5]가 반영되었을 수도 있으나 사회적 위계 관계와 관련되었을 가능성을 시사하였다(金承玉 2001).

　　[그림 1]은 4세기 대 무덤의 장축과 단축의 길이를 나타낸 표이다. 먼저 성인과 미성인으로 구분하였고 성인은 남성과 여성으로 구분하였다. 크게 장축 300cm를 전후하여 성인과 미성인[6]으로 구분되는 양상을 보이며 성인 이상의 경우 성별에 크게 좌우되는 양상은 확인되지 않는 것을 알 수 있다.

　　성·연령별 유물 부장 양상을 살펴보았다. 철기류는 무기류인 철모와 철촉, 공구류인 도자와 철부, 농구류인 철겸으로 나누었고, 토기류는 고배와 호·기대 세트를 검토하였다. 또, 유리·수정·호박 등의 장신구와 방추차의 소유를 나타낸 것이 [표 5][7]이다.

....
5　　예안리의 평균 추정 신장이 남성 164.7cm, 여성 150.8cm라고 한다(金鎭晶·小片丘彦·峰和治·
　　竹中正己·佐熊正史·徐姈男 1993).
6　　미성인의 경우 성별의 판별이 불가하므로 남성과 여성을 구분하지 않았다.
7　　남성·여성 인골은 모두 장년 이상의 성인이며, 성별 불명의 인골 역시 성인 인골이며, 소아로
　　표기된 19기의 무덤의 성별은 약년의 여성 인골 1기를 제외하면 성별의 판별이 불가능하다.

[표 5] 성·연령별 유물 부장량(유구수/유물수)

	철모	철촉	도자	철부	철겸	고배	호기대	장신구	방추차	유구
성인남성	7/12	7/68	6/7	6/13	3/4	2/2	2/3	1	0	10
성인여성	0	3/4	5/5	5/7	5/8	5/10	5/11	1	1	17
성인불명	2/2	2/79	3/3	4/7	1/1	0	3/4	1	0	4
미성인	0	0	5/5	0	0	12/13	0	6	0	19

[표 5]를 보면 철모와 철촉은 남성과 관련이 깊은 유물로 보이며, 기대나 방추차는 여성과 관련이 깊은 유물로 보인다. 연령별로 보면 철기류와 호·기대 세트는 성인, 고배와 장신구는 미성인과 관련 있는 것으로 보인다. 하지만 유물 출토 상태에서만 주목하지 않고 유물의 점유율과 각 성별 점유율을 살펴보면 다른 시각으로 볼 수 있다.

[표 6] 성·연령별 유물 점유율(유구수/유물수)

	철모	철촉	도자	철부	철겸	고배	호기대	장신구	방추차	유구
성인남성	7	7	6	6	3	2	2	1	0	10
비율	70.0%	70.0%	60.0%	60.0%	30.0%	20.0%	20.0%	10.0%	0.0%	
성인여성	0	3	5	5	5	5	5	1	1	17
비율	0.0%	17.6%	29.4%	29.4%	29.4%	29.4%	29.4%	5.9%	5.9%	
성인불명	2	2	3	4	1	0	3	1	0	4
비율	50.0%	50.0%	75.0%	100.0%	25.0%	0.0%	75.0%	25.0%	0.0%	
미성인	0	0	5	0	0	12	0	6	0	19
비율	0.0%	0.0%	26.3%	0.0%	0.0%	63.2%	0.0%	31.6%	0.0%	

鐵鉾는 9기의 유구에서 14점이 부장되었다. 성별을 알 수 있는 7기의 유구에서 12점이 부장되었는데 7기 모두 남성인 점과 약년 이하의 무덤에 부장된 예가 확인되지 않고 장년 이상인 인골의 무덤에만 부장된다. 유물 점유율도 장년 이상의 남성 무덤 10기 중 7기에서 철모가 확인된다.

유물 부장 양상과 성·연령별 점유율을 보아 철모는 장년 이상의 남성 전사집단의 상징적 무기였을 가능성을 시사한다(金斗喆 2000).

鐵鏃은 12기의 유구에서 151점 부장되었다. 성별을 알 수 있는 10기의 유구에서 72점이 부장되었는데 약년 이하의 무덤에 부장된 예는 확인되지 않는다.[8] 장년 이상의 인골 중 남성 인골의 무덤 10기 중 7기에서 68점 부장되었고, 여성 인골의 무덤 17기 중 3기에서 4점이 부장되었다.[9] 1~2점씩 무덤에 부장되는 철촉은 성별에 관계없이 개인의 위세를 나타내기도 하겠으나 10점 이상 다량 부장되는 경우 철모와 같이 장년 이상 남성의 군사력을 상징하였을 것으로 생각된다.

刀子는 19기의 유구에서 20점 부장되었다. 20점 중 장년 이상의 무덤에서 15점 부장되었고, 남성의 무덤에서 7점 여성의 무덤에서 5점 부장되었다. 철기류 중 성·연령에 관계없이 소유하고 있었던 것으로 보이며, 출토 상태 또한 허리에 차고 있던 것이 대부분이어서 남녀노소를 불문하고 일상생활에 널리 사용되었던 도구였음을 짐작할 수 있다.

鐵斧는 15기의 유구에서 27점 부장되었다. 성별을 알 수 있는 11기의 유구에서 20점이 부장되었는데 약년 이하의 무덤에 부장된 예는 확인되지 않는다. 장년 이상의 인골 중 남성 인골의 무덤 10기 중 6기에서 13점 부장되었고, 여성 인골의 무덤 17기 중 5기에서 7점이 부장되었다. 여성에 비해 남성의 무덤에서 철부의 부장량이 높은 것은 공구로써 큰 노동력을 필요로 했던 유물의 기능을 나타낸다고 할 수 있다(金斗喆 2000).

鐵鎌은 9기의 유구에서 13점 부장되었다. 성별을 알 수 있는 8기의 유구에서 12점이 부장되었는데 약년 이하의 무덤에 부장된 예는 확인되

....

8　4~7세기 전체적으로 보면 미성인의 무덤에도 출토되는 것이 확인되며, 부장 예가 확인되지 않는 현상은 4세기 대에 한정되는 것을 밝혀둔다.

9　철촉은 예안리 전 시기에 걸쳐 35기에서 부장되며 성별을 알 수 있는 분묘로 한정하면 23기 중 남성의 무덤 15기, 여성의 무덤 8기에서 출토되고 있어 철촉의 보유율만으로 남성으로 한정할 수 없다고 하였다. 그 근거로 전시에만 유용하였던 것이 아니라 수렵과 같은 실생활에서도 위력을 충분히 발휘했을 가능성을 제시하였다(金斗喆 2000).

지 않는다. 장년 이상의 인골 중 남성 인골의 무덤 10기 중 3기에서 4점 부장되었고, 여성 인골의 무덤 17기 중 5기에서 8점이 부장되었다. 철겸이 부장되는 유구의 비율은 남성 30%, 여성 29.4%로 동일하지만 부장 수량은 여성이 약간 많은 양상을 보인다. 즉, 남녀 구분 없이 성인의 무덤에 일정 비율로 부장되는 양상은 예안리인들의 생업이 농경이었던 것을 나타낸다는 선행 연구와도 일치하는 결과이다(金斗喆 2000; 金承玉 2001).

高杯는 19기의 유구에서 25점 부장되었고, 壺·器臺 세트는 10기의 유구에서 18세트 부장되었다. 19기의 유구 중 미성인의 무덤 12기에서 13점 부장되었고, 여성의 무덤 5기에서 10점 부장되었다.

[표 7] 미성인 인골 출토 유구·유물 조견표

시기	호수	성별	연령	편두	발치	출산	면적	모	촉	도자	부	겸	기타	장신구	고배	호기대	기타토기	비고
4C전	O호옹관	불명	신생아															
4C전	106	女	약년(14~15세)	의심		X	192?*128?					1		호박1,수정2				파괴
4C중	140	불명	유아(2~3세)				246*126*61 (183*74)							곡옥,구슬	외1		단2	
4C중	119	불명	유아(3세)				195*87										단1	
4C중	139	불명	유아(3세)				280*130										단1	
4C중	147	불명	유아(3~4세)				260*140					1			외1		단1,광1,소1	
4C중	141	불명	유아(5~6세)	의심			293*150 (188*66)								외1		단2,옹1	
4C중	77	불명	소아(6세)				435*95*75 (300*90)											
4C중	144	불명	소아(6세)				245*107 (170*53)					1		마노1,유리1	외1		단1,옹1,광1	
4C후	76	불명	유아(1.5세)				270*160*90										광1,옹1,직구호1	
4C후	14	불명	유아(1.5세)				186*42*65							유리옥32,소옥2	외1			도굴
4C후	N호옹관	불명	유아?															
4C후	89	불명	유아(1~2세)				230*120*40					1			외1		단1	
4C후	31	불명	유아(2세)				125*50								외1		단1,옹1,컵2	
4C후	120	불명	유아(2~3세)				138*69							유리1	외1		옹1	
4C후	103	불명	유아(2~3세)				145*95*20?								외1			
4C후	11	불명	유아(4세)				150*60*66								외1			
4C후	148	불명	유아(5세)				205*103*35 (155*45)					1			외2		단1,옹1,광1,소1	
4C후	68	불명	소아(6세)				176*53*55					1			외1		단1	
4C후	134	불명	소아(6세)				150*115							유리13				파괴

[표 7]을 보면 미성인의 무덤 대부분에서 외절구연고배가 1점씩 부장되는 양상이 확인되지만 호·기대 세트는 부장되지 않는다. [표 8]을 보면 성인의 무덤에서는 고배의 부장율이 상대적으로 낮은 데 반해 호·기대 세트는 장축의 길이 300cm 이상의 무덤에 1세트 이상씩 부장되며 주

부곽식의 묘제 5기에서는 호·기대가 2세트 이상씩 부장되는 양상이 확인된다. 이러한 부장 양상은 기대·호 세트가 부장되는 무덤의 피장자가 높은 신분이었던 것은 확실히 알 수 없으나, 예안리사회 안에서 높은 연장자의 부장유물로 연령과 관계 있는 유물로 보아도 무리가 없을 것으로 생각된다.

　　裝身具는 9기의 유구에서 부장되었다. 9기의 유구 중 약년 이하의 무덤에서 5기가 확인되며 남성의 무덤 1기와 여성의 무덤 2기에서 출토되었다. 성별에 따른 부장 양상을 확인할 수 없으며 오히려 4세기 대에는

[표 8] 성인 인골 출토 유구·유물 조견표

시기	호수	성별	연령	편두	발치	출산	면적	모	촉	도자	부	겸	기타	장신구	고배	호기대	기타토기	비고
4C전	156	女	장년초			X	261*110				1						옹1	
4C전	92	불명	장년				280?*191?			1	2					단노1	단4	파괴
4C전	105	女	장년			O	224*153				1						단1	
4C전	108	女	장년			O	280?*130*15			1		1					단2	
4C전	115	女	장년			O	파괴											파괴
4C전	131	男	장년	의심			226*107				1						단1	파괴
4C전	132	女	장년	의심		X	310*175									단노1	단1,옹1	
4C전	143	女	장년				400*205*30			1	1	1	사1			단노1	단1,옹1	
4C전	112	불명	장~숙년				362*232	1		1	2			마노4,유리2			단3	
4C전	160주	불명	성인				215?*285	1	69		2		착2			단노2	단2,옹2,유대호1	반굴
4C전	160부						315?*150?										단9	주부곽
4C전	74	男	성인				470*250	2	12		3					단노1	옹1,유대호1	파괴
4C전	85	女	숙년	편두		O	175*145											반파
4C전	90	女?	숙년			X	380*200 (320*140)		10	1	1	1	사1			단노1	단5,옹1,유대호1	
4C전	99	女	숙년	편두			350*155				1	1				단노1	단4,옹1	
4C전	136	男	숙년		?		356*180?		4	1		1						파괴
4C중	129	女	장년		상악전치	O	267*165 (205*55)						꺾4		외1			
4C중	109	女	장년			X	366*156*50		1	1	1	1					단3	파괴
4C중	77	男	성인				435*95*75 (300*90)	1	3	1	2	1		마노1,패제장식1			단2,옹1,컵2,광1,토구1	
4C중	107	男	숙년				375*180*55	1	2	1	2						단3	
4C중	100주	女	숙년	의심		O	425*230		2		2		침1,꺾7	곡2,마노1			단1,파호1	100-93
4C중	93부					O	180*230				1	1				단노3	단4,대단1	파괴
4C중	104주	男	숙년				455*280*91	1	31		2		유자1,꺾6		외1	단노1		104-118
4C중	118부						220*250*30			2	1					단노1	단8,옹2	
4C중	138주	女	숙년	의심			400*215*110		1				산1,꺾7		외2	통1,노1	파호1	주부곽
4C중	138부						215*196*54							방추차1		단노2	단4,옹1	교란
4C중	151주	女	숙년		치아과밀		431*140 (276*70)										광1	주부곽
4C중	151부														외1	단노1,노1	연질완1,컵1	
4C후	12	男	장년				190*50*50		1						외1			
4C후	116	男	장년				265*76	1		1	2						단1	
4C후	150	男	장년	의심	?		421*218	3	15	2	2	1	종장판주1,착1,유자1					교란
4C후	137	女	장년	의심			210?*80											반파
4C후	142	男	장년		상악대구치		126?*107	1										반파
4C후	86	女	숙년			X	330*157*60				1		1			외3	단2,광1	
4C후	133	女	숙년			O	326*137 (242*65)									외2,일렬1	대파호1	

미성인묘에 부장되는 양상이 확인된다.[10]

紡錘車는 1기의 유구에서 부장되었다. 방추차가 부장된 유구는 숙년 여성의 무덤으로 예안리 전 시기로 보아도 여성의 무덤에서만 확인되는 것으로 보아 여성과 관련된 유물로 생각된다. 하지만 여성 무덤 17기 중 1기에서만 확인되는 것으로 보아 방추차를 소유했던 비율은 높지 않은 것이 특징이다.

앞서 살펴본 바에 의하면 철모와 철촉은 성인 남성의 군사력, 철부는 성인 남성의 노동력과 관련이 깊은 유물로 보이며, 철겸은 농경을 상징하며 성인 남녀가 고루 보유했던 유물로 볼 수 있다. 이와 유사하게 도자는 남녀노소를 불문하고 모든 구성원이 보유했던 실용구였으며, 방추차는 여성과 관련이 깊은 유물이었음을 알 수 있었다. 연령별로 보면 철제 무기류와 농공구류, 호·기대 세트는 연령과 관련 있는 것으로 보인다. 덧붙여 철모와 다량의 철촉이 부장된 160호분과 철모가 부장된 112호분, 철촉이 다량 부장된 90호분, 2점의 철부와 도자, 호·기대 세트가 부장된 92호분 등 성별 불명의 4기 모두 남성 인골로 추정할 수 있었다.

III. 禮安里遺蹟 偏頭의 性格

검토 대상인 50개체 중 편두 및 두개변형이 의심되는 인골은 총 10개체이다. 이 중 확실하게 편두로 인정되고 있는 인골은 2개체로 85, 99호분이다. 두개변형이 의심되는 인골은 8개체로 141호분, 132호분, 106호분, 131호분, 100호분, 138호분, 150호분, 137호분 인골이다. 성·연령별

....

10 4~7세기 전체적으로 보면 여성의 묘에서 약간 많이 부장되는 경향이 있지만 주도적으로 발견되지는 않아 오히려 성·연령별 관련성이 거의 없음을 밝히고 있다(金承玉 2001).

무덤의 크기와 유물의 부장 양상을 검토한 것을 바탕으로 편두 및 두개변형이 의심되는 인골 10개체의 유구·유물 조견표는 아래의 [표 9]와 같다.

[표 9] 편두 및 두 개 변형 의심 인골 출토 유구의 유구·유물 조견표

시기	호수	성별	연령	편두	발치	출산	면적	모	촉	도자	부	겸	기타	장신구	고배	호기대	기타토기	비고
4C전	106	女	약년(14~15세)	의심		X	192?*128?					1		호박1,수정2				파괴
4C전	131	男	장년	의심			226*107										단1	파괴
4C전	132	女	장년	의심		X	310*175									단노1	단1,옹1	
4C전	85	女	숙년	편두		O	175*145											반파
4C전	99	女	숙년	편두			350*155				1	1				단노1	단4,옹1	
4C중	141	불명	유아(5~6세)	편두			293*150 (188*66)								외1		단2,옹1	
4C중	100주	女	숙년	의심		O	425*230		2		2		침1,꺾7	곡2,마노1			단1,파호1	100-93
4C중	93부						180*230				1	1				단노3	단4,대단1	파괴
4C중	138주	女	숙년	의심			400*215*110		1				산1,꺾7		외2	통1,노1	파호1	주부곽
4C중	138부						215*196*54					1		방추차1		단노2	단4,옹1	교란
4C후	150	男	장년	의심	?		421*218	3	15	2	2	1	종장판주1, 착1,유자1					교란
4C후	137	女	장년	의심			210?*80											반파

[표 9]를 보면 편두 인골이 출토된 유구 2기 중 성인 인골 2개체 모두 성별이 여성이고, 단곽식 목곽묘에 매장되었음을 알 수 있다. 85호분이 반파되어 유물부장 양상을 확인할 수 없으나 99호분에서는 단경호·노형기대의 세트조합이 확인되며 그 외에도 단경호와 연질옹이 부장되며, 특히 99호분에서는 철겸과 단조철부가 1점씩 부장된다. 또, 관골 전이상구의 유무를 살펴본 결과 85호분의 인골이 임신·출산 경험이 있고 99호분의 인골은 출산 유무가 확인되지 않았다. 편두와 출산과의 관련성을 단정 짓기에는 자료가 부족한 실정이다.

성별 유물 부장 양상을 보면 85호분·99호분은 숙년의 여성이며, 편두 인골 출고 유구의 유물 부장 양상은 장~숙년 여성의 부장 양상과 일맥상통하는 것을 [표 10]을 통해서도 알 수 있다. 다만 호·기대 세트가 주부곽식 무덤과 장축 300cm 이상의 무덤을 중심으로 부장되는 양상을 미루어 볼 때,[11] 일반성원(A군: 장축 길이 190~280cm이고, 도자·철촉·단조

....

11   85호분의 경우 반파되어 잔존 장축의 길이가 175cm이지만 [그림 2]로 미루어볼 때 141호분(장축 길이 293cm) 및 132호분(장축 길이 310cm)과 비슷할 것으로 판단된다.

철부·철겸을 기본 조합으로 부장되는 무덤군)과 수장층(B군: 장축 길이 300cm
이상이고 A군에 보이지 않는 탁·대도·도·마구·철정이 부장되고 도자 및 철촉
의 수도 많아진 무덤군)으로 구분(武末純一 1992)된다면 일반성원 중 연장

[표 10] 여성 인골 출토 유구·유물 조견표

시기	호수	성별	연령	편두	발치	출산	면적	모	촉	도자	부	겸	기타	장신구	고배	호기대	기타토기	비고
4C전	156	女	장년초			X	261*110			1							옹1	
4C전	105	女	장년			O	224*153				1						단1	
4C전	108	女	장년			O	280?*130*15			1		1					단2	
4C전	115	女	장년			O	파괴											파괴
4C전	132	女	장년	의심		X	310*175									단노1	단1,옹1	
4C전	143	女	장년				400*205*30			1	1	1	사1				단1,옹1	
4C전	85	女	숙년	편두		O	175*145											반파
4C전	99	女	숙년	편두			350*155				1	1				단노1	단4,옹1	
4C중	129	女	장년		상악전치	O	267*165 (205*55)						꺾4		외1			
4C중	141	女?	유아 (5~6세)	편두			293*150 (188*66)								외1		단2,옹1	
4C중	109	女	장년			X	366*156*50	1	1	1	1						단3	파괴
4C중	100주	女	숙년	의심		O	425*230	2		2			침1,꺾7	곡2,마노1			단1,파호1	100-93
4C중	93부						180*230				1	1				단노3	단4,대단1	파괴
4C중	138주	女	숙년	의심			400*215*110	1					산1,꺾7		외2	통1,노1	파호1	주부곽
4C중	138부						215*196*54				1		방추차1			단노2	단4,옹1	교란
4C중	151주	女	숙년		치아과잉		431*140 (276*70)										광1	주부곽
4C중	151부														외1	단노1,노1	연질완1,컵1	
4C후	137	女	장년	의심			210?*80											반파
4C후	86	女	숙년			X	330*157*60			1		1			외3		단2,광1	
4C후	133	女	숙년			O	326*137 (242*65)								외2, 일렬1		대파호1	

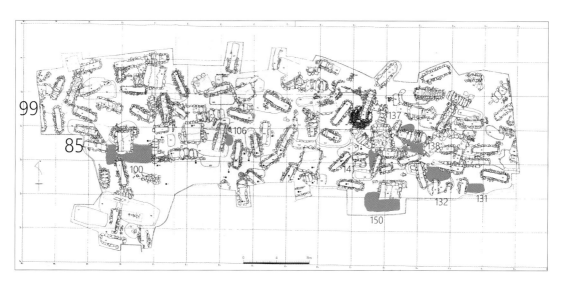

[그림 2] 예안리유적 편두 인골 출토 유구의 위치

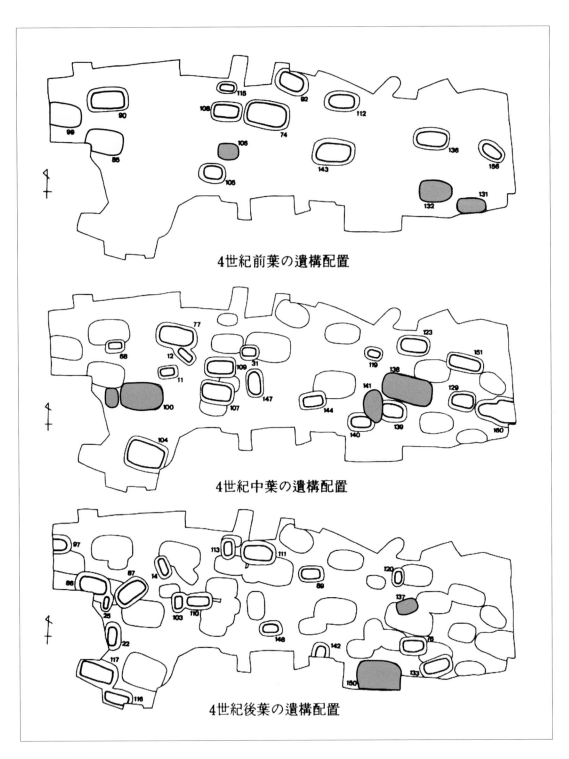

4世紀前葉の遺構配置

4世紀中葉の遺構配置

4世紀後葉の遺構配置

[그림 3] 4세기 유구배치도(田中良之 1996)

자 그룹에 속했을 것으로 추정된다.

성인 편두 인골 2개체가 일반성원 중 연장자 그룹에 속한다면 무덤 축조 당시에 묘역의 기획이 가능한 지위였을까 하는 의문이 든다. [그림 3]의 4세기 전엽의 상황을 보면 조사구간의 좌측변의 99호분과 85호분은 다른 무덤의 영향을 받지 않고 단독으로 조영된 양상을 확인할 수 있다. 4세기 중엽이 되면 전대의 무덤을 파괴하며 동일한 장축방향으로 조영되거나 중복을 피해 남–북방향으로 조영되는 양상이 확인된다. 이러한 양상은 4세기 후엽이 되면 규칙성을 찾을 수 없을 정도로 더욱 혼재되는 양상이 확인된다.

田中良之(1996)는 무덤 간의 중복 양상을 혈연적 계보관계로 설정하고 4세기 전엽에 묘역을 선점하여 조영된 무덤을 각 계열의 시조[12]로 파악하기도 하였다. 묘역을 선점한 인물의 무덤이 비교적 부장품이 많고, 편두와 발치 등 주술·의례적 행위가 이루어졌다는 점을 들어 이러한 인물을 각 계보의 시조로 볼 수 있다는 주장은 일견 타당해 보이나 편두가 행해진 85·99호분 인골이 혈연적 계보의 시조라고 한다면 편두 풍습은 계보 간에 전승되지 않고 각 계보의 시조 대에만 행해졌다는 의미로 받아들일 수 있는지도 의문이다. 따라서 편두는 무덤의 배치나 혈연적 전승과는 관련이 없는 것으로 생각된다.

외형적 측면에서 살펴보아도 편두 인골과 일반 인골과의 차이는 확연하다. 편두로 인정되고 있는 인골은 [그림 4]와 같이 유아기부터 전두와 후두를 압박하여 전두부와 후두부는 편평하고 측두부가 돌출된다. 따라서 판과 끈에 의한 압흔이 확인된다. 85호·99호분의 외형과 전반적으로 유사해 편두로 볼 수 있다고 판단된다.

....

12 예안리 사회를 양계적 혈연 친족조직에 의한 세대 간의 결과로서 계열이 형성되는 양계적 사회로 보고, 계열의 시조가 된 인물은 부장품이 많거나(99호분 등), 두개변형 혹은 그런 의혹을 가진 인물(85·132호분 등), 혹은 발치를 행한 인물로 보고 주술적·의례적인 측면에 의해 사회적 지위를 가졌음을 시사하였다(田中良之 1996).

1. 마야족(wikipedia), 2. 페루 인디언(skull, thegreaterpicture.com)

[그림 4] 세계의 편두 사례(이재현 2017)

두개변형의 가능성이 있다고 알려진 8개체 중 100호분·131호는 외형적으로 일반 인골의 두개골과 유사하고, 전두부나 후두부에 인위적인 변형의 흔적이 확인되지 않는다. 유구 및 유물의 부장 양상 및 인골의 출토 상태 또한 편두 인골이 부장된 무덤과의 유사성이 보이지 않는다. 잔존 상태가 양호하지 않은 나머지 4개체도 이와 유사한 점을 보아 편두에서 제외해도 무리가 없을 것으로 보이며, 차후 논의는 형질인류학적 분석을 통해 심도 있는 논의가 이루어질 것을 기대한다.

모든 양상을 종합해 볼 때, 기존에 편두 인골로 보고되었던 85호분과 99호분 외에도 부장 양상과 두개골의 형태 등을 고려해 볼 때 141호분을 새로이 추가해도 큰 무리가 없을 것으로 생각된다. 132호분 또한 부장 양상과 무덤의 배치 등 85호분·99호분과 유사한 양상을 보이나 전두부가 결실되어 두개골의 잔존 양상을 확인할 수 없으므로 편두로 의심은 되나 편두 개체로 포함시키지는 않았다. 나머지 편두 의심 개체들은 추후 분석 및 논의가 이루어질 것으로 기대된다.

앞서 살펴본 바와 같이 고대 예안리 사회는 성과 연령에 의해 조직된 사회로 철모와 철촉은 성인 남성의 군사력, 철부는 성인 남성의 노동력을 상징하는 유물로서의 의미를 가진다. 성인 남녀가 고루 보유했던 철겸은 농경을 상징하며 도자 또한 남녀노소를 불문하고 모든 구성원이 보

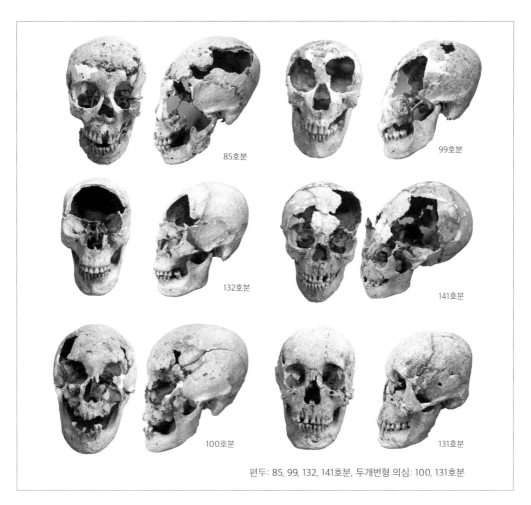

편두: 85, 99, 132, 141호분, 두개변형 의심: 100, 131호분

[그림 5] 편두 인골 사진(필자 촬영)

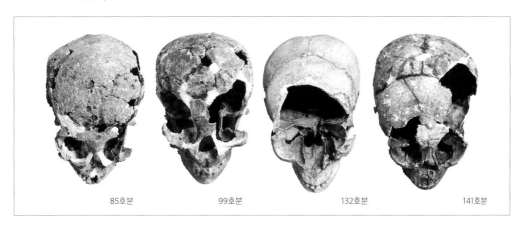

| 85호분 | 99호분 | 132호분 | 141호분 |

[그림 6] 편두 인골 상부 사진(필자 촬영)

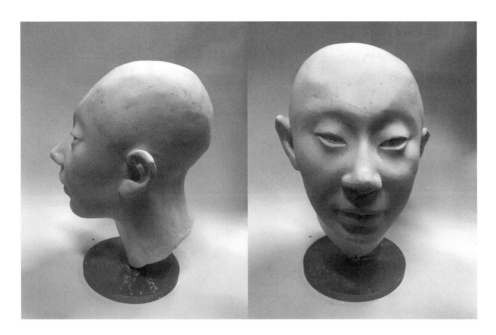

[그림 7] 85호분 얼굴 복원(한신대 조용진 교수 복원)

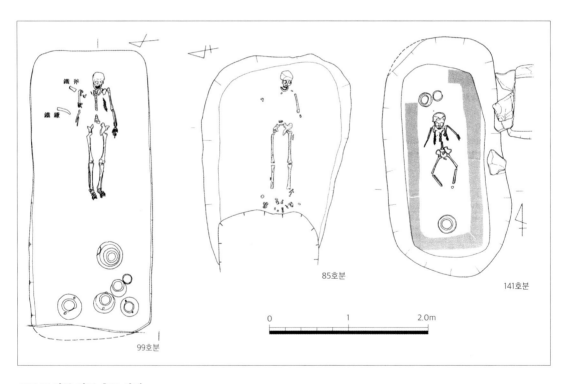

99호분

85호분

141호분

0   1   2.0m

[그림 8] 편두 인골 출토 상태

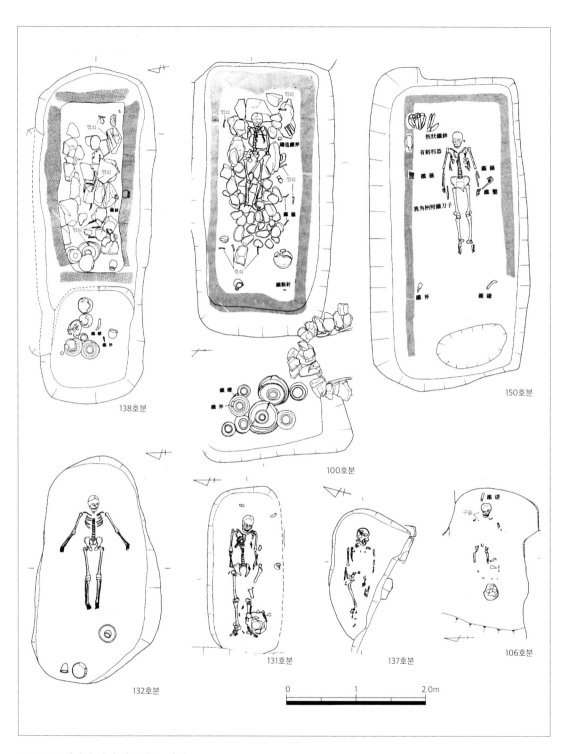

꺾쇠

꺾쇠
꺾쇠
꺾쇠
꺾쇠
鐵鋌

꺾쇠

138호분

꺾쇠
꺾쇠
鍛造鐵斧
꺾쇠
鐵鋌
鐵鋌
꺾쇠
鐵製針

100호분

鐵鋌
鐵斧

板狀鐵鉾
有刺利器
鐵鋌   鐵鋌
鐵鋌   鐵鑿
鹿角柄附鐵刀子

鐵斧   鐵鋌

150호분

132호분

131호분

137호분

鐵鋌
구슬

106호분

0   1   2.0m

[그림 9] 두개변형 의심 인골 출토 상태

유했던 실용구였던 것으로 보인다. 연령에 의해 무덤의 크기가 정해지고 철기류의 종류와 양이 많아지는 양상을 보이며, 호·기대 세트 부장 또한 연령과 관련 있는 것으로 보인다.

예안리유적의 편두 인골의 무덤 4기 모두 성별을 알 수 있는 성인 편두 인골 3개체 모두 장~숙년의 여성이며, 편두가 아닌 일반인의 무덤과 차별성이 나타나지 않는 점이 특징이다. 예안리유적 전 범위의 발굴조사가 이루어지지 않아 단정 지을 수는 없으나, 현재까지의 자료만으로 보면 편두가 신분[13]을 나타내거나 금관을 쓰기 위한 성형의 의미로 두개변형을 하였다고 보기는 어려울 것으로 판단된다. 오히려 편두 인골이 출토된 무덤의 경우 신분·계층적 연관성보다는 장~숙년의 여성 무덤의 양상과 궤를 같이한다는 점에서 특수 신분의 가능성은 낮다고 생각된다.

IV. 結語

고대 예안리 사회는 성·연령에 의해 조직된 사회로 편두 인골이 출토된 무덤 또한 특수 신분이 아닌 성·연령제 사회의 한 구성원이었음을 고고학적 자료를 통해 살펴보았다. 4차에 걸친 발굴조사로 인해 고분군의 극히 일부만 조사되었음에도 불구하고 성과 연령의 판별이 가능한 전 연령의 인골 210개체가 발견되어 학사적 의의를 갖는 중요한 유적으로 평가되었고, 예안리유적의 편두는 한반도에서 처음 확인된 사례로 학계의 주목을 받아왔다.

....

13 두개변형의 목적은 히포크라테스가 기록한 바와 같이 고귀한 신분을 상징하고, 머리장식이나 의상의 착용을 위한 경우가 많다. 아프가니스탄 틸리아-테페유적 6호 무덤의 경우는 편두가 신분을 상징하고, 금관을 쓰기 편한 형태로 두개를 변형시켰다고 볼 수 있다. 그 외에도 종족의 소속감이나 노예나 무당을 상징한 경우도 있다고 한다(이재현 2017).

예안리유적 편두 이외의 신자료가 추가되지 않은 상황에서 기존 자료의 재검토밖에 할 수 없었던 점은 아쉬움으로 남는다. 하지만 발굴조사 구역이 예안리유적의 극히 일부분임에도 불구하고 편두 인골이 출토되어 연구가 진행되고 있다는 점에 큰 의미를 두고 싶다. 추후 예안리유적에 대한 추가 발굴조사가 이루어지고 미발간 보고서의 간행으로 인해 신자료가 축적된다면 좀 더 심도 있는 논의가 이루어질 수 있을 것으로 기대한다.

그리고 예안리유적의 조영 시기가 4~7세기여서 4세기에만 집중하는 것으로 보이는데,『삼국지』위서 동이전에 봐서 알 수 있듯이 편두가 성행했던 시기는 오히려 2~3세기이고 4세기 대가 되면 습속이 소멸되는 단계여서 4세기 전반 대에 집중되고 있는 듯한 양상이 보이는 것은 아닌가 하는 생각이 든다.

4세기 대에 편두 인골 출토 고분의 위계나 특수성이 보이지 않는 것 또한 잔존되어 이어져 온 것으로 의미가 퇴색된 결과가 아닌가 하는 생각이 든다.

참고문헌

姜仁求, 1976, 「金海禮安里의 伽倻古墳群 발굴조사 약보」, 『박물관 신문』 60.

金斗喆, 2000, 「金海 禮安里遺蹟의 再檢討-性·年齡을 통한 社會構造 復元 試案-」, 『한국 고대사와 고고학』, 鶴山 金廷鶴博士 頌壽紀念論叢, 학연문화사.

金秀桓, 2005a, 『金官加耶 殉葬墓 硏究』, 釜山大學校大學院 碩士學位論文.

_____, 2005b, 「金官加耶의 殉葬-金海 大成洞古墳群 殉葬樣相을 中心으로-」, 『嶺南考古學報』 37, 嶺南考古學會.

_____, 2010a, 「東萊 福泉洞古墳群의 殉葬-金官加耶에서 新羅로-」, 『釜山大學校 考古學科 創設20周年 記念論文集』, 釜山大學校 考古學科.

_____, 2010b, 「阿羅加耶의 殉葬-大型 殉葬墓를 中心으로-」, 『嶺南考古學報』 55, 嶺南考古學會.

金承玉, 2001, 「金海 禮安里古墳群 築造集團의 社會構造와 性格」, 『嶺南考古學』 29, 嶺南考古學會.

김정학, 1981, 「金海 禮安里 85號墳 出土 偏頭骨에 대하여」, 『韓㳓劤博士停年紀念史學論叢』, 知識産業社.

김재현, 2013, 「몽골·우즈벡과의 형질을 통해 본 예안리 인골」, 『문물연구』 23, 동아시아 문물연구학술재단.

金鎭晶·白先溶·森本岩太郎·吉田俊爾·小片丘彦·川路則友, 1985, 「金海 禮安 里古墳群 出土 人骨 (I)」, 『金海禮安里古墳群 I』, 釜山大學校博物館.

金鎭晶·小片丘彦·峰和治·竹中正巳·佐熊正史·徐姶男, 1993, 「金海禮安里古墳群出土人骨 (II)」, 『金海禮安里古墳群 II』, 釜山大學校博物館.

裵孝元, 2018a, 「5世紀代 釜山地域 墳墓出土 大壺의 副葬樣相과 意味」, 『考古廣場』 22, 釜山考古學硏究會.

_____, 2018b, 「5世紀後半 釜山式高杯의 變遷과 意味」, 『港都釜山』 36, 부산광역시사편찬위원회.

_____, 2018c, 「釜山地域 墳墓出土 新式陶質土器 硏究」, 釜山大學校考古學科 碩士學位論文.

申敬澈, 1989, 「三韓·三國·統一新羅의 釜山」, 『釜山市史』 1, 釜山市史編纂委員會.

_____, 1992, 「金海 禮安里 160號墳에 대하여-古墳의 發生과 관련하여-」, 『伽耶考古學論叢』 1, (財)駕洛國史蹟開發硏究員.

_____, 1995, 「三韓·三國時代의 東萊」, 『東萊區誌』, 東萊區誌編纂委員會.

_____, 2000, 「金官加耶 土器의 編年」, 『伽耶考古學論叢』 3, 伽耶文化硏究所.

李盛周, 1993, 「洛東江東岸樣式土器에 대하여」, 제2회 영남고고학회 학술발표회.

李晟準, 2009a, 「葬制와 墓制의 의미」, 『한국매장문화재 조사연구방법론』 5, 국립문화재연구소.

_____, 2009b, 「한반도 고대사회에서 순장의 사상적 배경과 그 성격」, 『대가야의 정신세계』, 대가야 학술총서 7, 대가야박물관·계명대학교 한국학연구원.

_____, 2009c, 「한반도 삼국시대의 순장문화」, 『갈등과 전쟁의 고고학』, 제33회 한국고고
학전국대회, 韓國考古學會.

李晟準·金秀桓, 2011, 「韓半島 古代社會의 殉葬文化」, 『韓國考古學報』 81, 韓國考古學會.

李殷昌, 1970, 「伽倻地域 土器의 硏究-洛東江 流域 出土 土器樣相을 中心으로-」, 『新羅伽倻
文化』 2, 嶺南大學校 新羅伽倻硏究所.

이재현, 1994, 「영남지역 목곽묘의 구조」, 『嶺南考古學報』 15, 嶺南考古學會.

_____, 2017, 「신라의 편두습속과 그 의의」, 『신라문화유산연구』 창간호, (재)신라문화유
산연구원.

이하얀, 2009, 「늑도유적 古人骨의 고고학적 연구」, 釜山大學校大學院 碩士學位論文.

李熙濬, 1997, 「토기에 의한 新羅 고분의 分期와 편년」, 『韓國考古學報』 36, 韓國考古學會.

_____, 1998, 「김해 禮安里 유적과 新羅의 낙동강 西岸 진출」, 『韓國考古學報』 39, 韓國考
古學會.

정상수·최봉인, 2015, 「경산 임당지역과 김해 예안리 고분 출토 인골의 평균수명」, 『야외
고고학』 22, (사)한국문화유산협회.

경주시·신라문화유산연구원, 2016, 『경주 교동 94-3일원 유적-천원마을진입로 확·포장
공사부지 발굴조사 보고서』.

국립김해박물관, 2015, 『뼈? 뼈!』.

釜山大學校博物館, 1985, 『金海禮安里古墳群 I』.

_____, 1993, 『金海禮安里古墳群 II』.

小片丘彦·金鎭晶·吉田俊爾·峰和治, 1988, 『韓国礼安里遺跡出土の人工変形頭蓋』, 六興出
版.

鈴木公雄, 1988, 「縄文人の暮らし」, 『古代史復元』 2.

武末純一, 1992, 「韓國·禮安里古墳群の階層構造」, 『古文化談叢』 28, 九州古文化研究会.

田中良之, 1996, 「埋葬人骨による日韓古墳時代の比較」, 『4·5세기 한일고고학』, 영남·구주
고고학회.

타니하타 미호·스즈키 타카오, 2010, 『고고학을 위한 고인골조사연구법』, 김수환 옮김, 서
경문화사.

「禮安里遺蹟 偏頭 人骨 出土 古墳의 性格 檢討」에 대한 토론문

최경규 동아시아문화재연구원

예안리고분군은 영남지역 삼국시대의 편년정립, 금관가야 지배자 무덤과 비교할 수 있는 중하위층 일반성원의 고분문화 파악 등 한국 고고학에서 차지하는 비중이 상당히 큰 유적이라는 것은 주지의 사실이다. 편두인골에 관해서는 그간 형질인류학적인 논의가 중심이었고 특히 편두인골이 매장된 무덤의 분석을 통한 성격 검토는 이루어진 바가 없기 때문에, 발표자의 금번 연구는 예안리고분군을 통한 금관가야 사회상 연구에 큰 의미를 가진다고 생각된다.

예안리고분군에서 210개체의 인골이 출토되었는데, 편두 혹은 편두로 의심되는 인골은 10개체로 전체의 5%에도 못 미치는 수에 불과하다. 결국, 출토 고분과 연계된 분석을 행하기에 상당한 자료적 제한이 따른다는 것이다. 그럼에도 불구하고 발표자는 예안리고분군에서 편두가 4세기 대에만 확인된다는 것에 주목하여, 4세기 대 인골출토 무덤 49기의 성별, 연령, 규모, 유물조합상 등 여러 속성을 유출하여 정치하게 선행분석하고, 이를 토대로 편두인골 고분의 성격을 검토하였다. 아울러, 편두 혹은 편두로 의심되는 인골 10개체 중, 인골출토 형태 및 유물조합상과 대비해 6개체는 편두에서 제외한다는 의견을 피력하였다. 결론적으로는 편두인골 고분은 신분·계층적 특수성보다는 장~숙년 여성의 무덤이라는 특징 정도가 도출되며 기존 연구 성과에서도 나타난 바와 같이 성·연령에 의해 조직된 예안리사회에서 특수신분이 아닌 일반 구성원의 무덤이라는 것을 강조하였다.

발표자의 분석방법과 결론에 대해서는 대부분 공감하는 바이지만,

토론자의 책무로서 조금은 지엽적일지라도 본문 중에 보완 또는 추가 설명이 필요한 부분에 관해서 몇 가지 질문하도록 하겠다.

1. 첫 번째 질문은 예안리유적에서 출토된 편두인골의 규정에 관한 것이다. 물론 형질인류학적인 규정이 우선이겠지만, 논의의 출발을 명확히 할 필요가 있다는 차원에서의 질문이다. 발표자는 III장에서 편두 및 두개변형이 의심되는 인골을 총 10개체라고 하고 편두로 확실하게 인정되고 있는 인골은 85·99·132·141호분이라고 규정하였다. III장 후반부에 '출토 상태와 유구와 유물 부장 양상 등과 비교하면 편두로 의심되는 6개체는 편두에서 제외하여도 무리가 없다'는 의견을 피력하였다.

그런데, 예안리고분군 보고서 II(1993)의 「VIII. 4. 特記所見 2) 變形頭蓋」에서는 變形頭蓋 10개체 중 85·99호분 2개체에 대해서는 『삼국지』 위서 동이전에 기록된 편두(編頭)에 부합하는 것으로 설명하였지만, 나머지 8개체에 대해서는 보통보다는 크게 다른 점에서는 변형두개로는 볼 수 있지만 전형적인 편두로 규정하기는 신중한 비교·검토가 필요하다고 하였다. 결국, 10개체 중 2개체는 편두가 확실하며, 나머지 8개체는 변형두개라는 것이다. 두개골 계측치를 바탕으로 한 예안리고분군 보고서 II(1993)의 의학적 소견과 달리 판단한 것에 대한 보완 혹은 추가설명을 부탁드린다.

2. 발표자는 편두로 확실하게 인정하는 4기의 고분을 통해서 편두인골의 주인공은 성·연령제가 중심인 예안리사회에서 특수신분이 아닌 일반 구성원이라고 결론지었는데, 토론자의 생각은 편두도 일종의 변형두개에 포함되는 풍습으로 편두에만 한정된 분석보다는 두개변형이라는 큰 틀에서 접근하는 것이 좋을 것 같다는 생각이 든다. 그렇게 해서 보면, 단곽식보다는 상위위계로 보이는 주부곽식(100·93·138호분)에도 변형두개가 확인되며 150호분의 경우에는 장년남성이며 종장판주와 유자이

기 등도 부장되는 등 다양한 양상이 보이게 된다. 결국, 편두라고 확실시되는 고분과 상호비교를 통해 편두인골 고분의 특수성이라든지 좀 더 섬세한 분석과 해석이 가능할 것으로 생각된다. 이에 대한 발표자의 생각을 듣고 싶다.

3. 발표자 또한 선행 연구 결과(김두철 2000; 김승옥 2001)와 동일하게 예안리사회를 성·연령에 의해 조직된 사회로 보고 있는데, 주된 근거가 인골출토 유구의 유물조합상에 따른 것이다. 물론 발표자가 분석 대상으로 한 4세기 대의 자료에서는 그러한 경향성이 뚜렷한 것을 알 수 있다. 하지만, 유소아~약년의 5세기 대 무덤에서는 양상이 조금 다른 부분이 간취된다. 일부 유소아~약년 인골 출토 고분에서도 철겸·철촉·다량의 토기가 부장되는 예(21·23·62호분)도 보이는데, 이러한 양상은 귀속지위에 따른 것으로도 볼 수 있을 것이다. 그렇다고 한다면 5세기로 접어들면서 예안리사회의 사회조직에 변화가 일어난 것은 아닌지에 대해 생각해 볼 수 있을 것 같은데, 이에 대한 발표자의 고견을 듣고 싶다.

4. 편두의 습속은 시기적으로 차이는 있지만 유럽, 아시아, 아프리카, 아메리카 등 세계 각국에서 확인되는 풍습으로 알려져 있다(이재현 2017, 41 표 참조). 편두 혹은 변형두개는 태어나서 얼마 지나지 않은 시점에만 가능한 것으로 어떠한 이유에서든 간에 그 사회에서 특별히 선택된 사람에게 이루어졌던 행위였음을 알 수 있다. 그런 선택된 사람이 누구인지에 대해서는, 주술적 목적으로 행해진 무속인 또는 노예나 특수한 풍습을 가진 별다른 계통의 사람, 죽음을 무릅쓴 일종의 성형을 한 사람 등 특수한 신분이라 보는 것이 일반적이다. 물론 『삼국지』 위서 동이전에는 '진한 사람의 머리는 모두 납작하다'고 하여 일반적인 현상으로 기록되어 있지만, 예안리에서 출토된 인골 중 편두 혹은 변형두개의 비율로 보면 일반적인 현상이 아닌 것은 확실한 것 같다. 발표자는 고고학적 분석에 따라

편두인골이 특수신분이 아닌 일반 구성원으로 보고 있지만, 그 대상이 너무 적어 객관성을 담보하기에는 아쉬운 점이 있는 것 또한 사실이다. 결국, 타 지역 출토 자료와 비교검토를 통해 특징을 도출할 필요가 있을 것이며 이것은 앞으로의 연구과제일 것이다. 끝으로 질문이라기보다는 최근 출토된 신라지역 편두자료 등 예안리 편두인골 연구에 참고할 만한 타 지역 편두자료의 고고학적 양상에 대해 발표자가 아시는 바 있으면 소개 부탁한다.

3

가야 고분과 순장인골

김수환 경상남도 가야문화유산과

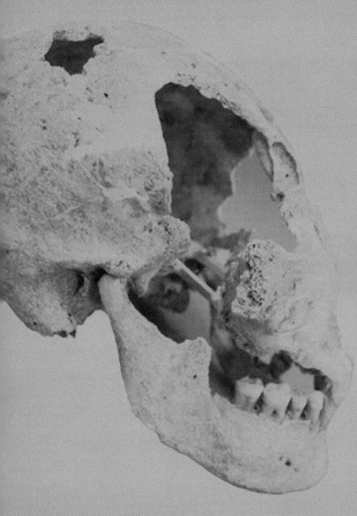

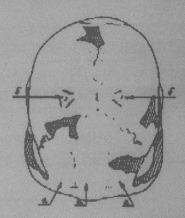

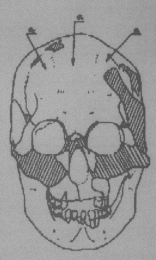

I. 머리말

한국 고고학에 있어 고분(古墳)을 주제로 한 연구는 지리적 위치와 입지, 봉토와 매장주체부의 규모와 구조, 축조방법, 그리고 부장유물을 통해 다양하게 이루어져 왔다. 가야 고분 역시 이러한 관점에서 40년 이상 많은 발굴조사와 연구가 진행되었으며 괄목할 만한 학문적 성과를 올렸다. 하지만 기왕의 발굴조사와 연구의 대상이 되어왔던 가야의 고분과 유물은 어디까지나 당시 사람들이 그들의 사후세계를 위해 남긴 산물일 뿐으로 가야 사람 자체는 아니다. 고분과 유물을 통해 가야 사람의 내세관(來世觀) 등 장례관념과 정신문화는 추적할 수 있을지라도 가야 사람이 어떠한 모습이었고, 어떠한 이력의 삶을 살았는지는 결코 알 수 없다.

이를 말해 줄 수 있는 것은 당연히 가야 고분에 매장된 사람이 남긴 뼈, 즉 인골(人骨)일 텐데 이는 기후와 토양 등 자연환경에 의해 유존 여부가 결정되는 관계로 양호한 상태의 인골이 출토되는 경우는 그리 흔치 않다. 그 때문에 가야 사람을 연구한다는 것은 생각처럼 쉬운 일은 아니다.

다행히 1970년대 김해 예안리고분군, 고령 지산동고분군을 시작으로 1990년대의 대성동고분군, 함안 말이산고분군 등의 발굴조사에서 양호한 상태의 가야 인골들이 속속 출토되었으며, 2000년대 들어서는 분석과학 분야와의 협업을 통해 꽤 진전된 성과를 올리고 있다. 이를 통해 가야 사람의 인골이 부장유물 이상으로 고대 가야 사회를 이해하는 데 다양하고 중요한 정보를 제공해 주고 있음은 다행한 일이다.

한 고분 내에서 여러 개체의 인골이 출토되는 사례는 개별의 형질적 정보뿐만 아니라 인골과 인골, 즉 사람과 사람의 관계에 대해서도 추적이 가능하다는 점에서 중요한 자료로 평가받는다. 복수 개체의 인골이 출토되는 가야 고분의 매장주체부는 목곽, 석곽, 석실로 이 중 단차장(單次葬)으로 조성된 목곽과 석곽의 경우에는 순장(殉葬)의 가능성이 높으며, 2회 이상의 복차장(複次葬)이 가능한 석실은 순장보다는 추가장인 경우가 많다. 후자는 석실 안벽 쪽에 붙여 복수의 시상대를 마련하고 순차 매장하거나 먼저 매장된 이의 뼈를 한쪽 모서리에 집골(集骨)해 두기 때문에 인골의 출토 양상을 통해 순장과 추가장은 명확히 구분된다.

이 글[1]에서는 가야시대 권력자와 그에 종속된 이의 관계 속에서 행해졌던 순장으로 인해 복수 개체의 인골이 출토되는 사례를 중심으로 가야 사회의 일면을 살펴보고자 한다.

II. 가야의 순장묘와 순장인골

고대의 순장은 죽은 권력자(묘주)를 위해 종속관계에 있던 사람(순장자)을 죽여서 함께 매장하는 일종의 장례 행위이다. 그러나 그 이면을 보면 자신의 사후세계를 위해 다른 사람의 생명을 빼앗을 수 있었던 권력자의 존재와 함께 신분사회의 엄혹함도 목격할 수 있다. 또한 고대 사회 내 순장의 발생과 확산, 소멸에 당시의 정치, 종교, 사회, 경제 등의 복합적인 이데올로기가 작용하였다는 점에서 고대 사회를 이해하는 데 중요한 현상으로 받아들여진다(이성준·김수환 2011). 그동안 고대 한반도 순장에 대해 발굴 자료에 근거한 다양한 논의가 진행되어 왔으며, 특

....

1   필자가 당초 국립김해박물관으로부터 부여받은 발표주제는 '가야 인골의 출토 양상'이었다. 가야 고분에서 인골이 다량 출토된 유적은 김해 예안리, 대성동, 고령 지산동, 함안 말이산, 창녕 교동과 송현동 고분군 정도인데, 이번 가야 학술제전의 주제인 '김해 예안리고분군 출토 인골'의 경우, 가야 시기 목곽 또는 석곽의 중앙에 묘주 1명만을 신전장(伸展葬)한 상태로, 대도, 소도자, 경식, 이식 등의 유물을 착장하고 있을 뿐이다. 이를 중심으로 가야고분 출토 인골의 양상을 살펴본다면 단조로움을 면하기 어려울 것으로 예상된다. 따라서 이 글에서는 복수 개체의 인골이 출토되는 주요 가야 고분군의 순장인골을 중심으로 논지를 전개하고자 한다. 다만 현재 김해시가 진행 중인 예안리고분군의 발굴조사가 잘 진행되어 새로운 인골 자료가 출토된다면, 각종 분석을 통해 다양한 비교 연구도 가능해질 것으로 생각된다.

히 금관가야를 비롯한 가야문화권의 여러 정치체들에서 순장이 널리 성행하였던 것으로 밝혀지고 있다(권오영 1992; 김세기 2003·2015; 김수환 2005·2010·2015·2017; 김용성 2014; 국립김해박물관 2015 등).

앞서도 언급했듯이 가야의 순장묘는 목곽, 석곽, 석실을 매장주체부로 하고 있는데, 그 여부를 판별하기 위해서는 고고학 발굴현장에서 고분의 축조 과정과 구조, 인골과 착장유물의 출토 정황에 대한 종합적인 검토가 필요하며, 이때 묘주와 순장자의 매장에 있어 동시성, 종속성, 강제성 등의 조건이 충족되어야 한다.

동시성의 경우, 묘주와 순장자가 매장주체부 안이나 주·부곽과 순장곽에 동시 매장되어 있어야 한다는 것으로 묘제의 구조와 토층 분석을 통해 밝혀낼 수 있다. 종속성은 고분에 매장된 이들의 위치관계와 착장유물을 통해 확인 가능한데 묘주와 순장자 간 현격한 신분 차이가 인정되어야 함은 물론이다.[2] 강제성의 경우, 순장자가 죽음에 이르는 과정이 자발적이었는지(殉死), 강제적이었는지의 여부를 인골의 출토 정황을 통해 판단하기란 쉽지 않다. 또 순장인골에서 직접 사인(死因)으로 볼 만한 흔적이 뼈에 잔존해 있는 사례가 아직까지 확인된 바 없어 강제 여부의 판단은 더욱 어렵다. 다만 순장자들의 연령 구성이 특정 연령에 집중된다거나 순장자에게서 노동이 불가능할 정도의 심각한 병변(病變)이 거의 확인되지 않는 점 등은 순장 대상자의 선정 과정에 어떠한 강제가 있었음을 합리적으로 유추할 수 있다.

가야고분에서 순장의 정황을 이해하는 데 최상의 자료는 한 고분 내에 순장자 모두 또는 대부분의 인골이 유존하는 사례로 순장자들의 성별이나 연령 구성 등은 매우 중요한 의미를 갖는다. 순장인골이 양호한 상태로 출토되면 판단에 유리한 점이 있다. 물론 그렇지 않고 매장 위치에

....

2   매장된 복수의 인골들에서 동시성이 인정되면서도 상하 신분 차이가 확인되지 않으면 순장으로 보기 어려우며 이는 합장(合葬)으로 판단할 수 있다.

인골의 흔적만 남아 있더라도 순장 양상은 살필 수 있다. 골질이 부후(腐朽)하여 토양화된 인골흔 정도라면 순장자의 두향, 매장 자세 등을 파악하는 데 별 무리는 없다. 또 도굴갱 내에서 인골이 산란되어 수습되는 경우라도 그 위치에 따라서는 순장자의 것으로 판단할 수 있는 경우가 있는데, 이때 동일 부위의 최소 개체수(MNI, Minimum Number of Individuals)를 분석하면 해당 순장묘의 순장 규모(순장자 수)를 가늠할 수 있다.

가야문화권에서 순장이 확인되는 곳은 금관가야, 대가야, 아라가야, 비화가야의 중심고분군들로, 순장묘는 해당 정치체 내 지배자들의 고분들이다. 금관가야권에서는 김해 대성동, 양동리, 부산 복천동고분군, 대가야권에서는 고령 지산동고분군을 비롯하여 합천, 함양 등의 고분군, 아라가야권에서는 함안 말이산고분군, 비화가야권에서는 창녕 교동과 송현동, 계성고분군 등에서 확인된다.

1. 금관가야

고대 한반도에서 순장을 처음 시행한 금관가야에서는 김해 대성동고분군(사적 제341호), 양동리고분군(사적 제454호), 부산 복천동고분군(사적 제273호)에서 순장이 확인된다(김수환 2005). 이 중 대성동고분군에서는 대형목곽묘가 등장하는 3세기에 처음 출현하며, 4세기를 거쳐 5세기 전반 가장 성행하다가 급격히 쇠퇴하였다. 최근 발굴 성과로 볼 때 5세기 후반에도 축소 시행되었던 것으로 확인된다(심재용 2017; 2019). 순장 규모는 1~8명이며, 주곽과 부곽 또는 묘광과 곽 사이 충전 공간에 순장자를 매장하였다. 순장자는 4세기 대까지는 묘주의 발 아래 공간에 교행(=직교) 배치되거나 충전 공간에 매장되다가 5세기 전반에는 묘주를 중심으로 좌우에 배치(旋環左右)되는데 이는 당시 급박한 대외 경쟁 상황 하에서 죽음을 맞이한 주인공의 내세를 온전하게 보호하기(以衛死者) 위해

[사진 1] 김해 대성동 88호분 충전 공간(하층)
순장인골(대성동고분박물관 2015)

나타난 현상으로 이해된다(김수환 2017; 황전악 2011).

대성동고분군에서 순장자의 인골과 흔적이 유존한 경우는 순장묘 23기에서 모두 57명분이었다(심재용 2017). 이 중 성별 분석이 가능한 순장자는 26명이며, 남성 : 여성 = 9 : 17로 여성이 우세했다. 연령은 분석 가능한 순장자 28명 중 약년 7명, 성년 전반 8명, 성년 후반 5명, 노년 1명, 성인 이상[3]은 7명이었다. 대성동의 경우, 88호분, 91호분, 57호분, 1호분, 7호분, 11호분에서 순장자의 대부분이 확인되었는데 그 중에서도 순장자의 성별과 연령 분석이 모두 가능한 57호분은 순장자 3명이 모두 성년의 여성이었으며, 91호분은 5명 중 남성과 여성의 비율이 3 : 2, 연령 구성은 약년 1명, 성년 4명이었다(김재현 외 2003; 김수환 2005a; 이하얀 2017).

4세기 대 대성동 순장의 경우 순장자들을 묘주의 발 아래 공간 또는 충전 공간에 다닥다닥 붙여 매장해 놓았으며, 대체로 하지(下肢)는 물론 상지(上肢)도 곧게 편 상태로 신전장 되어 있었다.[4] 순장자는 대부분 이식, 경식, 소도자 등의 유물을 착장한 채로 매장되어 있으며, 88호분 충전 공간(하층)에 매장된 남녀 순장자들의 경우(사진 1) 뒷머리에는 골제(骨制)의 머리장식을, 옆구리 왼쪽에는 소도자를 착장해 있어 주목된다.

....

3   연령 분석이 가능한 인골 부위가 유존하지 않아 약년(12~19세), 성년(20~39세), 숙년(40~59세), 노년 (60세 이상) 등으로 세분은 할 수 없으나 뼈의 크기 등으로 보아 성인(성년) 이상인 경우에 해당한다.
4   순장자의 시신을 직물로 감싸거나 염(殮)을 했을 가능성이 있다.

2. 대가야

대가야 순장은 묘주가 매장되는 주곽과 유물부장 공간인 부곽 외에도 순장자를 위한 독립의 석곽(순장곽)을 묘광과 주·부곽 사이의 충전 공간 또는 주·부곽의 밖에 배치하고 봉토를 함께 덮어 조성한 것이 특징이다. 복수의 순장곽이 배치되는 다곽식 순장묘는 고령 지산동고분군(사적 제79호)에서 확인되며(김세기 2003·2015; 김용성 2014). 5세기 전반 처음 출현하여 6세기 전반까지 성행하였다.

처음에는 주·부곽과 묘광의 충전 공간에만 순장곽을 조성하다가 점차 주·부곽 밖에 배치하기 시작하며 가장 성행한 시기에는 순장곽들이 주곽을 원주상으로 완전히 감싸는 형태로 변화한다. 순장의 규모는 출현 시점의 고분인 73호분에 10명 전후의 순장자를 매장하다가 순장 성행기의 고분인 44호분에서는 주곽, 부곽(2), 순장곽(32)에 무려 40여 명에 이르는 순장자를 매장하였다. 이는 동시기 동북아시아 최대 규모의 순장 사례로, 대가야가 고대 한반도 남부의 정치체 중 상장례(喪葬禮)로서 순장을 가장 적극적으로 수용, 시행하였음을 알 수 있다(김수환 2015).

지산동고분군의 순장묘는 10여 기이나, 순장자의 인골과 흔적이 유존한 경우는 5기 정도이다. 그 중 73호분은 5명분, 44호분은 26명분의 순장인골이 출토되어 대가야 순장의 경향을 살필 수 있다. 73호분의 경우, 성비는 남성 : 여성 = 3 : 1(1명은 불명), 연령은 약년 2명, 성년 전반 1명, 성년 후반 2명이었으며(김재현 2012), 44호분은 순장자의 성비가 남성 : 여성 = 10 : 11(5명은 불명), 연령이 유아 1명, 소아 2명, 약년 1명, 성년 전반 6명, 성년 후반 8명, 숙년 전반 5명, 노년 1명으로 분석되었다(김재현 2009·2012).

순장자는 신전장 되었으며 상지는 편안한 자세로 매장되었다. 순장곽 순장의 경우, 독립공간에 매장되어 이식, 경식, 관식, 대도, 도자 등의 유물을 착장했을 뿐만 아니라 소량의 토기도 함께 부장되어 있다. 순장곽

[사진 2] 고령 지산동 73호분 남순장곽 출토 순장인골((재)대동문화재연구원 2012)

내에는 대체로 1명이 매장되나 2명(73호분 남·북순장곽, 44호분 11호, 13호, 21호 석곽 등) 또는 3명(44호분 28호 석곽)이 매장된 경우도 있다. 2명 이상의 순장자가 매장되는 경우 순장곽의 너비가 40~70cm에 불과하기 때문에 두향을 서로 반대로 하여 하지 일부를 겹치게 하거나(73호분 남·북순장곽(사진 2), 44호분 13호 석곽), 두향을 같이 하고 신체를 완전히 겹쳐(44호분 28호 석곽) 매장하였다.

지산동고분군의 순장자들은 착장유물이 풍부한 편이다. 게다가 위세품(威勢品)이라 할 수 있는 수식부 금제이식이나 대관(帶冠), 조익형 관식(鳥翼形 冠飾) 등을 소유한 이들도 있어 간단한 도구만 가지고 있거나 유물이 전무한 순장자와는 큰 차이가 확인된다.

3. 아라가야

아라가야의 순장은 중심고분군인 함안 말이산고분군(사적 제515호)

에서만 확인된다. 존속 시기는 고대한 봉토를 조성하고 대형 석곽을 매장주체부로 채택할 즈음인 5세기 전반에 출현하여 5세기 후반에 가장 성행하다가 6세기 전반에 들어 쇠퇴, 소멸한다.

아라가야의 순장묘[5]는 석곽을 매장주체부로 하는데 세장한 무덤 내부를 유물부장 공간 – 주 피장자 공간 – 순장자 공간으로 분할하고, 한쪽 단벽부에 순장자를 매장하는 것이 특징이다. 순장자는 묘주의 신분(고분 규모)에 따라 1~5명을 매장하였으며, 주인공을 중심으로 발 아래쪽 또는 머리 위쪽 공간에 교행 또는 평행으로 배치하였는데, 최근 발굴조사한 말이산 25호분에서는 교행과 평행을 혼용한 배치도 확인되었다(사진 3)(김수환 2018). 주목되는 점은 5세기 후반 순장이 성행하다가 6세기 전반에 순장 규모

[사진 3] 함안 말이산 25호분 출토 순장인골
((재)우리문화재연구원 2018)

가 5→2명, 2→1명으로 축소되는 현상이 확인되어 이 시점을 전후하여 순장에 대한 관념 변화가 있었음을 알 수 있다(김수환 2010).

말이산고분군에서 순장자의 인골과 흔적이 유존한 경우는 순장묘 22기에서 모두 35명분이었다. 이 중 성별 분석이 가능한 순장자는 11명이며, 남성 : 여성 = 3 : 8로 여성이 우세했다. 연령은 분석 가능한 순장자 15명 중 소아 1명, 약년~성년 5명, 성년 3명, 숙년 3명, 성인 이상은 3명

....

5   말이산고분군의 순장은 대형과 중소형 석곽묘에서 확인된다. 최근 발굴조사된 말이산 45호분은 가장 이른 시기의 봉토분으로, 봉토의 아랫부분을 기반암을 깎아 내어 조성(삭출기법)하였으며, 매장주체부로는 목곽을 채택하고 있다((재)두류문화연구원, 2019, 현장설명회 자료집). 여기에서 주목할 것은 남쪽 단벽부가 도굴되지 않았음에도 빈 공간으로 남아 있다는 점인데 이곳에 순장자가 매장되었을 가능성이 있다. 다만 순장자의 인골이 확인되지 않아 아라가야의 목곽묘 순장은 검토가 더 필요하다.

이었다. 말이산고분군의 경우 (문)38호분, 8호분, 6호분, 15호분, (문)54호분, (문)51호분, 25호분, 35호분, 26호분, (창)14-2호분에서 모든 순장자의 인골과 흔적이 확인되었는데, 그 중에서도 대부분 순장자들의 성별과 연령 분석이 가능한 25호분은 석곽 길이가 10.6m에 이르는 대형분으로, 순장자 4명 모두가 여성이었으며, 연령은 약년 후반(~성년 전반)이 3명(1명은 불명)이었다(윤성현 2018). 역시 석곽 길이 10.5m의 대형분인 8호분은 순장자 5명 중 남성 1명, 여성 2명(2명은 불명)이며, 연령은 성년 1명, 숙년 3명, 성인 이상 1명이었다(김재현 2004).

말이산고분군의 순장자는 모두 신전장이면서도 상지를 자연스럽게 벌린 자세를 하고 있다. 대형 순장묘의 경우, 묘주의 발 아래쪽 또는 머리 위쪽 공간에 순장자 4~5명을 교행으로 병렬 배치하였는데, 그 중 묘주와 가장 가까이에 매장되어 있는 순장자 1~2명은 금동제 이식 등 장신구를 착장한 채 매장되어 있다(김수환 2010).

4. 비화가야

창녕을 중심으로 있었던 비화가야는 교동과 송현동 고분군(사적 제514호)이 중심고분군으로 현재까지 순장묘로 알려진 것은 II군 1호분과 3호분, III군 7호분과 10호분(구 송현동 15호분)이며,[6] 그 외 계성고분군(사적 제547호)과 영산고분군의 순장 사례도 알려져 있다. 비화가야의 순장은 5세기 후반에서 6세기 전반까지 시행되었으며, 고분은 횡구식의 석실을 매장주체로 하고 있다. 추가장이 가능한 구조의 묘제임에도 단차장되었으며, 순장자는 석실 내 입구부 방향이자 주인공의 발 아래쪽 빈 공간

....

6   교동과 송현동 고분군의 대형 봉토분은 지금까지 20여 기 이상 발굴되었지만, 이 중 13기가 일제강점기에 발굴된 것으로 대부분이 미보고 상태이다. 최근의 발굴조사에서도 도굴로 매장 주체부의 훼손이 심각한 경우가 많아 순장 양상을 파악하는 데 곤란한 점이 있다.

[사진 4] 창녕 교동과 송현동 III군 10호분 출토 순장인골과 송현이(복원)
(국립가야문화재연구소 2009)

에 2~4명 정도를 평행, 교행 또는 사행(斜行)으로 배치하였는데, 묘주의 위계에 따라 순장 규모와 배치 형태가 달랐던 것으로 보인다.

교동과 송현동 고분군에서 순장자의 인골과 흔적이 유존한 경우는 순장묘 4기에서 모두 12명분이었다. III군 7호분 순장자 3명, 10호분 순장자 4명 모두 성별과 분석이 가능하였다. 그 중 7호분 순장자의 성비는 남성 : 여성 = 2 : 1이며, 연령은 성년 2명, 숙년 1명이었으며(김재현 2011), 10호분의 순장자는 성비가 남성 : 여성 = 2 : 2이며, 연령은 약년 1명, 성년 3명의 구성이었다(국립가야문화재연구소 2009).

III군 10호분의 순장자 4명 중 묘주로부터 가장 먼 위치에 매장된 순장인골의 유존 상태는 거의 완벽하여 국립가야문화재연구소의 학제간 융복합 연구과정을 통해 '16세 순장 소녀, 송현이'로 복원되었다(사진 4). 비화가야의 순장자는 모두 상지를 자연스럽게 벌린 자세로 매장되었으며, 일부는 이식, 경식 등 장신구를 착장하였다.

5. 소가야

소가야에서는 순장이 거의 시행되지 않았던 것 같다. 다만 고성 송학동고분군(사적 제119호)의 1A-1호, 2호, 11호 등 6세기 전반 석곽묘의 빈 공간과 이식, 경식의 출토 정황을 통해 순장의 가능성이 제기된 바 있다(최경규 2013).[7] 전체 발굴 고분 중 일부에 지나지 않아 상세를 알기 어렵지만 소가야에서는 순장이 장례풍습으로 제도화되지 못한 채 단속적(斷續的)으로 시행되었을 가능성이 있어 보인다.

III. 가야의 순장인골을 통해 알 수 있는 것

1. 순장자의 성별

가야 순장에 대한 기록은 전무하다. 반면 신라의 경우, 『삼국사기』에 순장 금지와 관련한 기록이 전해진다. 26글자에 불과한 짧은 기록이지만, '국왕이 죽으면 남녀 각 다섯 명씩을 순장하였다'[8]는 내용을 담고 있어 6

---

7   순장인골이나 흔적이 전혀 확인되지 않아 순장자에 대한 형질적 정보는 전혀 없다.

8   『삼국사기』 신라본기 지증마립간 3년 3월조. 「… 前國王薨, 則殉以男女各五人, 至是禁焉」

세기 전후한 시점에 신라의 최대 규모 순장은 10명이었고 더 나아가 성비가 남 : 여 = 5 : 5였음을 알 수 있다.

가야의 경우, 남녀 모두 순장의 대상이 되고 있다는 점은 같으나 성별 분석이 가능한 69개체의 순장인골로 보면 금관가야는 여성이 우세(남녀 9 : 17), 대가야(지산동 44호분)는 남녀가 거의 동수, 아라가야는 여성이 우세(남녀 3 : 8), 비화가야는 남녀 거의 동수여서 순장자의 남녀 성비는 각 가야마다 상이한 경향을 보이고 있다. 한편 대성동 57호분(3명), 말이산 25호분(4명)의 경우 모든 순장자를 여성으로만 구성한 사례가 있는데, 이는 묘주의 성별이나 신분과 관계한 것으로 생각된다.

[사진 5] 김해 대성동 88호분 충전 공간(상층) 순장인골(대성동고분박물관 2015)

2. 순장자의 연령

가야 순장자의 연령은 분석 가능한 69개체[9]를 살펴보면 유소아 4명 (6%), 약년 16명(23%), 성년 38명(55%), 숙년 9명(13%), 노년 2명(3%)로 나타난다. 순장의 대상자는 약년~성년이 80% 가까이 차지하며, 숙년이 일부, 유소아와 노년의 경우는 극히 일부를 차지한다. 특히 대성동 순장자의 경우 성인 이상을 제외한 21명 중 노년 1명을 제외하면 모두 약년~성년이어서 순장자 선정에 연령과 노동능력이 최우선 고려되었음을 시

---

9   II장에서 제시한 각 가야의 순장자 중 연령 분석 가능한 인골은 79명분이나 성인 이상은 성년~
     노년까지를 모두 포함하고 있어 순장자 연령의 경향을 살피는 데 부적절하므로, 성인 이상에
     해당하는 10명분은 제외하고 69명분에 대한 순장자 연령을 제시한다.

사하고 있다.[10] 이는 계세사상에 따른 묘주에의 봉사라는 순장의 목적에도 잘 부합한다.

　　한편 순장자 중 유소아와 노년은 아주 드물게 확인된다. 이들이 노동능력이 현저히 떨어지는 한계에도 불구하고 순장된 것은 제도상의 규정에 의한 것이라기보다 묘주와의 특수한 관계에 기인했을 것으로 보인다. 논리의 비약일지 모르겠으나 노년 순장자의 경우, 대성동 91호분 충전 공간(상층)(사진 5)과 지산동 44호분 29호 순장곽에서 출토되었는데 모두 여성이라는 점에서 묘주의 유모(乳母)의 가능성도 있지 않을까 생각한다.

　　유소아 순장자 4명 중 3명은 지산동 44호분의 순장곽(11호, 21호, 28호)에서 출토되었는데, 모두 보호자로 생각되는 순장자와 같이 매장되었다는 점도 주목된다. 한편 지산동 30호분 2호 순장곽에서는 유소아의 순장인골이 1개체 출토되었는데 이 순장자는 대륜부에 보주형의 입식과 영락이 부착된 금동관을 쓴 채로 매장되어 44호분 순장곽의 유소아 순장자들과는 현격한 신분 차이가 있었을 것으로 생각된다.[11]

3. 순장자의 신분과 직능

　　순장자의 인골과 착장유물을 고려하여 순장자의 사회적 신분, 직능(職能)에 대해 많은 연구자들의 연구가 있었다(김세기 2003·2015; 김수환 2005a; 김용성 2014 등). 그에 따르면 가야의 순장자는 단순한 노예가 아니라 현생에서 묘주와 관계한 근시자(近侍者)로서 주인의 시중을 들던 여성

....

10　대성동 91호분의 도굴갱에서 4~5세 유아 순장자의 인골편이 수습되었다고 한다(이하얀 2017).

11　발굴조사자들은 지산동 30호분 2호 순장곽의 유소아를 묘주의 노비나 하층계급에 해당되는 자로서 금동관을 착장할 수 있는 다른 자를 대신하여 순장된 것으로 추정하였다. (재)영남매장문화재연구원, 1998, 「Ⅳ. 고찰」, 『고령 지산동 30호분』, p.139.

[사진 6] 골제 머리장식을 한 순장인골 (김해 대성동 88호분, 대성동고분박물관 2015)

(婢妾)이나 집안에서 노동을 담당하던 시종(侍從), 시녀(侍女), 시동(侍童) 등의 가내 노동자, 주인을 호위하던 무사(武士)나 마부(馬夫), 창고지기 등 이 순장의 대상이 되었을 것으로 생각된다.[12] 그러나 앞서 설명하였듯이 김해 대성동 88호분의 남녀 순장자는 골제의 머리장식을 하고 있었으며 (사진 6), 창녕 교동과 송현동 III군 10호분 순장자 송현이는 왼쪽 귀에 금 동제의 소환이식을 착용하고 있어 허드렛일만을 하는 자는 아니었을 것 으로 보인다. 또한 고령 지산동고분군의 순장자들 중에는 화려한 수식이 달린 금제이식이나 조익형 관식(사진 7) 등의 유물을 가지고 있는 이들이 있는 것으로 보아 묘주의 가족이나 꽤 높은 지위의 신하 등도 순장의 대 상이 되었던 것으로 생각된다.

한편 말이산고분군의 대형 순장묘처럼 묘주와 가장 가까이에 매장 되는 순장자에게서 금동제 이식이나 경식 등 장신구가 반복적으로 확인

....

12 순장 제도에 기초해 통상적으로 순장의 대상이 되는 직능인(職能人)이 있었을 것이고, 이외 묘주와의 특수한 관계와 상황 속에서 우발적으로 순장 대상자로 선정되는 이도 있었을 것으 로 생각된다.

[사진 7] 금동제 조익형 관식(고령 지산동 73호분 서순장곽, 대가야박물관 2015)

되는 점은 순장자를 매장하는 데 있어 그의 사회적 신분이나 직능이 매장 위치의 결정에 영향을 주고 있음을 알 수 있다(김수환 2010).

4. 순장자의 건강과 질병

순장인골의 형질인류학적 형태 분석을 통해 순장자의 건강과 질병에 대한 정보가 제시되고 있다(사진 8)(김수환 2005a; 국립가야문화재연구소 2009; 김재현 2009; 이하얀 2017).

1) 영양상의 문제로 인한 병변
a. 에나멜질 감형성(Enamel Hypoplasia): 유소아기 영구치 형성 시기에 영양이 충분히 공급되지 못하거나 건강상의 문제로 일어나며 치아 표면에 줄무늬와 같은 흔적을 남긴다. 대성동 23호분 B호 인골, 24호분 B호 인골, 57호분 A·B호 인골, 85호분 1호 인골, 88호분 2호와 3호 인골, 91호분 2호, 4호, 6호 인골, 지산동 44호분 11호 순장곽 인골(유아), 교동

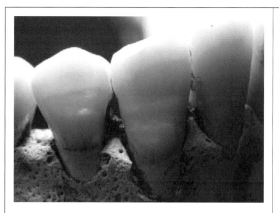

1)-a 에나멜질 감형성(교동과 송현동 송현이)
(국립가야문화재연구소 2009)

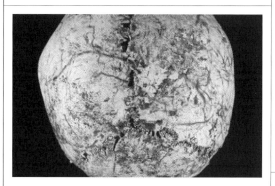

1)-d 다공성 뼈과다증(교동과 송현동 송현이)
(국립가야문화재연구소 2009)

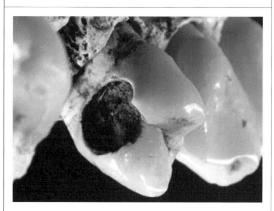

2) 고도의 우식증(교동과 송현동 송현이)
(국립가야문화재연구소 2009)

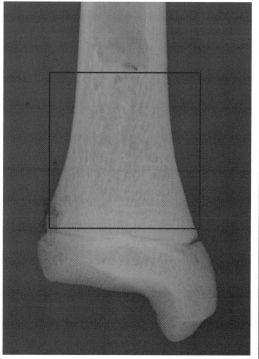

1)-b 해리스 선(교동과 송현동 송현이)
(국립김해박물관 2015)

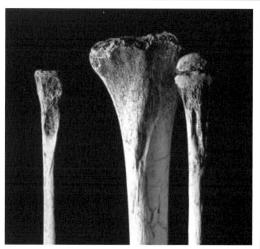

3) 반응뼈 생성(교동과 송현동 송현이)
(국립가야문화재연구소 2009)

[사진 8] 가야 순장인골(송현이)에서 관찰되는 각종 질병의 흔적

과 송현동 III군 10호분 4호 인골(송현이)에게서 관찰되었다. 모두 경미한 상태로 심각한 영양결핍은 아니다.

b. 해리스 선(Harris Line): 연골의 골화 시기, 즉 성장단계 초기에 영양결핍이나 질환에 의해 일시적으로 성장이 중단된 흔적이 장골(長骨)의 성장판에 남게 되는 현상으로 대성동 85호분 2호 인골과 교동과 송현동의 송현이에게서 확인되었다.

c. 안와상판 다공성변화(Cribra Orbitaria): 후천적인 철분(Fe) 결핍이 원인으로 빈혈증세를 동반하며 안와(眼窩) 안의 위쪽에 다수의 구멍이 관찰된다. 대성동 12호분 B인골과 지산동 44호분 5호 순장곽 여성(숙년), 19호 순장곽 여성(숙년)에게서 확인되었다.

d. 다공성 뼈과다증(Porotic Hyperostosis): 영양결핍, 만성 또는 급성 감염에 의해 두개골의 바깥판이 얇어지거나 파괴되어 체판 또는 산호와 같은 형태로 변화하며 빈혈을 동반한다. 교동과 송현동의 송현이에게서 관찰되었다.

2) 치아우식증(충치): 대성동 88호분 3호 인골, 91호분 2호, 4호, 5호 인골, 교동과 송현동의 송현이에게서 확인되었다.

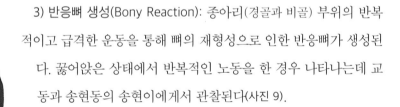

3) 반응뼈 생성(Bony Reaction): 종아리(경골과 비골) 부위의 반복적이고 급격한 운동을 통해 뼈의 재형성으로 인한 반응뼈가 생성된다. 꿇어앉은 상태에서 반복적인 노동을 한 경우 나타나는데 교동과 송현동의 송현이에게서 관찰된다(사진 9).

4) 퇴행성 질환: 노년 여성으로 분석된 대성동 88호분 1호 순장인골의 흉추에서 관찰되었다.

[사진 9] 꿇어앉은 송현이(국립김해박물관 2015)

이상 순장자에게서 확인되는 질병은 극히 일부의 퇴

행성 질환을 제외하면 대체로 가벼운 상태로 일상생활과 노동하는 데 거의 지장이 없는 정도이다. 이에 가야 순장자의 건강은 대체로 양호했다고 할 수 있으며, 이러한 건강상태는 순장자 선정에 중요한 기준이 되었을 것이다.

5. 순장자의 DNA와 식생활

인골에 대한 DNA 분석을 통해 성별 구분, 혈연관계 여부를 판단할 수 있다. 가야 순장인골의 DNA 분석사례는 창녕 교동과 송현동 III군 10호분의 순장인골 4개체가 유일하다. 그동안 김해 예안리고분군의 매장인골이나 대성동고분군의 순장인골에 대한 DNA 분석 시도가 없었던 것은 아니지만, 과거 1970~90년대 발굴 당시 DNA 분석에 대한 고려 없이 불특정 다수의 손을 거치면서 오염되었기 때문에 유의미한 분석결과를 기대할 수 없었던 것이 사실이다.

교동과 송현동 III군 10호분의 경우, 2007년 발굴 당시 순장인골이 출토되면서 mtDNA 등 유전학 분석을 위한 조치가 실시되어 유의미한 결과를 얻을 수 있었다(국립가야문화재연구소 2009). 4호 순장인골(송현이)의 성별은 여성으로 판별하였으며, 1호, 3호 순장인골(남성)에서는 채취한 시료를 통해 동일한 mtDNA 하플로 타입(Haplo-type)의 변이를 찾아내어 동일 모계의 자손일 가능성을 제시하였다.[13] 특히 이러한 변이가 현대 한국인 집단은 물론 동남아시아에 널리 분포하고 있다고 보고한 점도 눈에 띈다.

....

13 한편 신라의 지방세력의 대형 고분군인 경산 임당동고분군의 순장인골에 대한 mtDNA 분석이 이루어졌다. 그 연구자들은 주 피장자와 순장자 간, 순장자와 순장자 간에 모계 연관이 있는 사례들이 확인된다고 하면서 순장자 중에는 출생노비뿐만 아니라 주 피장자에 준하는 신분의 순장자도 있는 것으로 보고하였다(하대룡 2011; 김대욱 2013).

한편, 교동과 송현동 III군 10호분 순장자들의 식생활을 알 수 있는 분석도 이루어졌다. 인골 내 콜라겐 안정동위원소를 이용한 식성 분석으로, 이를 통해 이들은 주로 쌀, 보리, 콩 등의 C_3 곡식류를 섭취하였음을 알 수 있으며, 특히 1호 순장인골(성년 남성)에게서는 곡식류와 함께 단백질(육류)의 섭취의 정도가 높다는 흥미로운 결과도 제시되었다(국립가야문화재연구소 2009).

6. 순장자의 출산 경험

여성 인골의 경우, 관골(寬骨)의 전이상구(前耳狀溝) 관찰을 통해 출산력(=임신흔)을 확인할 수 있다. 가야 순장자 중에서는 성년~숙년의 여성인골에서 관찰되는데,[14] 대성동 57호분 1~3호 인골(모두 성년 여성), 24호 B호 인골(성년 여성), 85호분 1호 인골(성년 여성)과 91호분 1호 인골(성년 여성), 지산동 44호분 24호 순장곽 인골(숙년 여성), 45호분 2-2호 순장곽 인골(성년 여성)에서 출산력이 확인되었다(김재현 외 2003; 김수환 2005a; 김재현 2009; 이하안 2017). 대부분의 여성 인골에서 1~2회 정도가 관찰되는 데 비해 대성동 85호분 여성 순장자에게서는 3회 이상의 출산을 짐작케 하는 깊은 홈이 확인되기도 하였다.

여기에서 주목되는 것은 출산을 경험한 여성들도 순장의 대상이 되었다는 점이다. 이 여성들은 권력자에 종속되어 있으면서도 가정을 이루어 누군가의 어머니이자 배우자로 생활하였을 텐데 어느 날 갑자기 순장

....

14   가야 순장자 중 아직까지 약년 여성에게서 출산력이 확인된 사례는 없다. 그렇다고 약년의 여성이 출산을 하지 않았다는 의미는 아니다. 다만 대성동 12호분 B호 인골, 24호분 B호 인골, 85호분 2호 인골과 88호분 2호 인골 등 4개체의 약년 여성(순장자)에게서도 출산력은 확인되지 않았다. 더 나아가 田中良之·金宰賢(1998)이 분석한 김해 예안리 84호분, 106호분, 114호분의 약년 여성 3명 모두에게서도 출산력이 확인되지 않았다는 점은 주목할 만하다. 가야 사회의 초산(初産) 연령에 대한 분석 자료가 조금 더 증가하기를 기대한다.

의 대상이 되면서 가정은 해체에 직면하였을 것이다.

한편, 지산동 44호분 28호분 순장곽에서는 남성(연령 불명), 여성(숙년, 관골의 결실로 출산력 확인 불가), 소아(6세 전후) 등 3명의 순장자가 확인되었는데(김재현 2009), 성별과 연령으로 보아 일가족으로 추측된다. 가야의 순장을 통해 다시 한 번 신분사회의 냉혹함을 엿볼 수 있다.

IV. 맺음말

가야 사람들은 현생의 삶이 죽음 이후에도 이어진다고 믿어 그 공간으로서 고대한 무덤을 조성하였고 갖가지 화려한 위세품과 음식물이 담긴 토기를 묻어주었다. 그 덕분에 순장을 통해 타인의 생명을 빼앗으면서까지 사후의 안락한 삶을 추구하려 했던 가야 사람들의 이면을 우리는 목격할 수 있다.

이 글에서는 여러 가야에서 어떠한 순장문화가 있었는지 순장자의 인골을 통해 추적해 보았다. 각 가야의 순장 경향과 특징, 순장 규모와 순장자의 배치관계에 대해 설명하였으며, 아울러 순장인골의 분석결과를 통해 가야 순장자들의 성별, 연령, 신분, 질병, DNA(친연관계), 식생활, 출산력의 경향과 의미도 살펴보았다.

자연과학 분야의 놀라운 발전은 머지않은 미래, 가야 사람에 대한 연구에 획기적인 진전을 기대하게끔 한다. 최근 대성동과 예안리 고분군에 대한 발굴조사에서 인골의 출토 사례가 증가하고 있으며 이는 금관가야의 지배자 집단과 기층민(基層民) 집단의 형질적 비교를 가능케 할 것이다. 또한 신라문화권에서 가장 많은 인골(300여 개체)이 출토되어 양질의 분석성과를 내고 있는 경산 임당동과 조영동 고분군(사적 제516호)과의 비교를 통해 '가야인과 신라인'이라는 관점에서 흥미로운 결과 도출도 가능해 보인다. 가야 인골에 대한 연구는 이제 막 시작 단계에 접어들고 있다.

　*　과거 모 선생님께서 '고고자료를 이용한 과학적 분석'을 주제로 하는 한 학술대회장에서 "오늘은 고인골을 포함하여 발굴보고서 맨 뒤 부록에 실리는 글을 쓰는 사람들이 모인 자리"라는 우스갯소리를 하신 적이 있다. 십 수년이 지난 오늘 국립김해박물관의 '가야 학술제전'이라는 자리에 오롯이 김해 예안리고분군의 출토 인골만을 주제로 개최되니 감격스럽기까지 하다. 이러한 노력들이 우리가 가야를 더 잘 이해할 수 있게 하는 첩경이 되기를 바라본다.(終)

참고문헌

국립가야문화재연구소, 2009, 『1500해 앞 16살 여성의 삶과 죽음』.

국립김해박물관, 2015, 『뼈? 뼈!-고인골, 개인의 삶에서 시대의 문화를 읽다』 특별전 도록.

권오영, 1992, 「고대 영남지방의 순장」, 『한국고대사논총』 4, 한국고대사회연구소.

김대욱, 2013, 「경산 임당유적 고총 순장자의 성격」, 『민족문화논총』 55.

김세기, 2003, 『고분 자료로 본 대가야 연구』, 학연문화사.

_____, 2015, 「지산동고분군의 순장」, 『고령 지산동 대가야고분군』, 대가야박물관.

김수환, 2005a, 「금관가야 순장묘 연구」, 부산대 대학원 석사학위논문.

_____, 2005b, 「금관가야의 순장」, 『영남고고학』 37, 영남고고학회.

_____, 2010, 「아라가야의 순장」, 『영남고고학』 55, 영남고고학회.

_____, 2015, 「대가야의 순장문화」, 『대가야의 고분문화』, 국립가야문화재연구소.

_____, 2017, 「순장으로 본 가야고분군의 세계유산적 가치」, 『가야고분군 세계유산적 가치 비교연구』, 가야고분군 세계유산 등재추진 학술대회 발표자료집, 경남발전연구원.

_____, 2018, 「말이산 25·26호분으로 보는 아라가야의 순장」, 『함안 말이산고분군 제25·26호분』, (재)우리문화재연구원.

김용성, 2014, 「고령 지산동고분군의 순장」, 『야외고고학』 19, 한국문화재조사연구기관협회.

김재현, 2004, 「함안 도항리 8호분 출토 인골에 대한 연구」, 『함안 도항리 고분군』 V, 국립창원문화재연구소.

_____, 2009, 「지산동 44·45호분 출토 인골에 대한 재검토」, 『고령 지산동 44호분』-대가야왕릉-, 경북대 박물관 외.

_____, 2011, 「창녕 송현동 7호분 출토 인골에 대한 분석」, 『창녕 송현동 고분군』 I-6·7호분 발굴조사보고-, 국립가야문화재연구소.

_____, 2012, 「고령 지산동 제73·74·75호분 출토 인골 분석」, 『고령 지산동 제73~75호분』, 고령군 대가야박물관·대동문화재연구원.

김재현 외, 2003, 「김해 대성동고분군 전시관 부지조사 출토인골에 대한 분석」, 『김해 대성동고분군』 III, 경성대 박물관.

심재용, 2017, 「대성동고분군의 순장」, 『김해 대성동고분군』, 대성동고분박물관.

_____, 2019, 「금관가야 고분 연구」, 부산대 대학원 박사학위논문.

윤성현, 2018, 「25·26호분 출토 순장인골 분석」, 『함안 말이산고분군 제25·26호분』, (재)우리문화재연구원.

이성준·김수환, 2011, 「한반도 고대사회의 순장문화」, 『한국고고학보』 81, 한국고고학회.

이하얀, 2017, 「대성동고분군 피장자들에 대한 검토」, 『김해 대성동고분군』-추가보고 및 종합 고찰-, 대성동고분박물관.

田中良之·金宰賢, 1998, 「[付篇 3] 金海 禮安里 遺蹟 出土人骨 調査結果」, 『古文化談叢』 40, 九州古文化研究會.

최경규, 2019, 「가야 수혈식석곽묘 연구」, 동아대 대학원 박사학위논문.

하대룡, 2011, 「경산 임당 유적 신라 고분의 순장자 신분 연구: 출토 인골의 미토콘드리아 DNA 분석을 중심으로」, 서울대 대학원 석사학위논문.

황전악, 2011, 『중국의 사람을 죽여 바친 제사와 순장』, 김용성 역, 학연문화사.

「가야 고분과 순장인골」에 관한 토론문

김헌석 국립경주문화재연구소

본 발표는 가야 고분군에서 출토한 다양한 인골의 내용과 순장이라는 당시의 장송의례에 관한 내용을 정리하고 있다. 발표문에서 지적한 바와 같이 한반도의 토양이 인골과 같은 유기질 유물이 잔존하기는 힘든 환경임에도 가야의 다양한 고분군에서 확인되는 점은 당시 사람에 대한 새로운 모습을 보여주는 실마리가 된다.

지금까지의 연구가 순장이라는 장송의례에 대해서 초점이 맞추어져 있던 것에서 자연과학적 분석방법의 발달과 이를 적용한 연구를 통해서 당시의 다양한 사람들의 모습을 알 수 있었다.

주요 가야 고분에서는 순장인골이 확인되고 있다. 그리고 고분군에 따라서 순장을 하는 양상이 차이를 보이고 있어 순장이라는 공통적 모습과 차이점을 잘 보여주고 있다. 그리고 인골을 통해서 당시의 가야인의 모습을 엿볼 수 있는 내용에 대해서 정리를 하고 있다. 이는 체질인류학적 조사와 함께 발달하는 자연과학적 분석을 접목함으로써 가야 사회의 모습을 다양하게 보여줄 수 있게 해 준다.

제가 인골을 본격적으로 전공하지 않은 사람의 입장에서 글을 읽으면서 가지는 의문점에 대해서 간략하게 질문을 드리고자 한다.

1. 무덤 속 순장인들의 사회를 얼마나 반영하는가의 문제

발표문에서 순장인골은 당시의 장송의례 규범 내에서 특수 직능의 사람을 선별하였음을 지적하고 있다. 전체 사회의 어느 정도를 반영하고 있을지는 논의가 필요할 것으로 생각된다.

무덤은 당시 최고 지배계층으로 그 속에서 출토하는 순장자들이 선별적으로 선택되었음을 지적하고 있다. 송현이의 경우는 인골의 분석을 통해서 일반적인 피지배층과는 다른 주변인이었음을 알 수 있다. 그리고 무사 혹은 주변 신하일 경우도 일반적인 피지배층이 아닌 지배층에 속하는 사람일 수 있다. 여기에 대해서 인골의 분석을 통해 구별할 수 있을 것인지에 대해서 여쭙고자 한다.

그리고 직능집단에 속하는 것이라면 인골에 남아 있는 다른 흔적들을 통해서 어떠한 직능의 사람이 많이 순장된 것인지에 대해서도 알려주시면 감사하겠다.

2. 자연과학적 분석법의 적용과 해석에 관한 문제

발표문에서 언급하고 있는 다양한 분석에서 밝혀진 사항들에 대해서는 분석 대상의 확대를 통해 밝혀야 할 것들이 많이 존재한다. 현재 인골에 대한 자연과학 분석 중에서 주로 이루어지는 것은 연대측정, 탄소와 질소의 안정동위원소를 통한 식성분석, DNA분석이 주로 언급된다.

이러한 자연과학 분석에 의해서 가야 사람들의 생활 및 얼굴 등에 대한 다양한 모습들이 시각적으로 이해할 수 있게 되었다.

인골 자체 연구를 통한 생활습관에 관해서는 아직도 다양한 사례보고를 통해서 이루어지고 있다. 이러한 연구는 인골 그 자체에 대한 분석이므로 다양한 계층으로 인정되는 개체에 대한 분석이 진행된다면 가야인들의 생활을 세밀하게 이해할 수 있는 자료가 될 것으로 생각된다.

DNA분석에 관해서는 연구인프라와 발굴조사 과정에서의 복합적인 조건으로 인해서 분석이 어려운 점도 있었다. 하지만 분석경험의 증가로 인해 발굴조사 과정에서의 오염에 대처할 수 있는 방법이 정립되고 있는 점에서 추후의 연구를 기다려보아야 할 것으로 생각된다.

가야지역의 식성에 관한 연구는 송현이 이 외에도 예안리 고분군의 사례(이준정 2011), 대성동 88호 및 91호분 출토 순장자(이창희 2015)의 자료가 있다. 영양 상태와 관련해 일부 자료에서 에나멜질감형성증, 헤리스선과 같은 영양결핍에 의한 장애현상이 나타나고 있다. 이러한 자료를 바탕으로 당시 사람들의 식생활에 대한 부분을 고찰해보고 인골 자체의 병리흔과의 관계성을 살펴보는 것은 중요한 일이다.

그러나 동위원소분석에 의한 식생활 복원결과를 살펴보면 대부분 C_3식물을 주식으로 이용하고 있는 것은 밝혀졌으나 정확히 어떠한 식물인지에 대한 부분은 결여되어 있다. 이것은 동위원소분석 자체가 가지는 부족한 점으로 동위원소분석은 체내에 형성되어진 단백질 식생활의 복합적인 경향을 보여주는 것으로 이에 대해서는 추가적인 연구가 필요한 부분도 있다. 그러나 목간 등에 나타나는 잡곡에 관한 내용을 생각한다면 재배식물의 이용의 실상과 분석결과 사이에 차이가 있을 수 있다.

이러한 여러 가지 결과를 종합해서 생각한다면 인골의 분석에 더 필요한 부분이 무엇인지 여쭙고 싶다.

3. 고분 이 외의 유적에서 출토한 인골과 그 양상에 관한 문제

현재 가야의 역사정체성 정립을 위한 다양한 발굴조사와 연구가 진행되고 있다. 발표에서는 순장이 이루어진 고분군과 고분군 속에서 출토한 인골에 대해서 다루고 있다. 현재 발굴조사된 가야유적은 발표에서 소개된 것보다 많을 것이다. 순장으로 언급된 고분군 이외에 조사 혹은 연구된 인골은 어떠한 것들이 있는지 여쭙고 싶다.

다양한 형태의 가야시대 유적들이 조사되고 있다. 또한 가야의 대표적인 고분군 이외에도 다수의 고분들이 조사되고 있는 상황이다. 순장이 확인되는 유적은 가야의 최중심지 고분군에 해당하는 것으로 중소형의 고분군에서 출토하는 인골은 어떠한 양상이었는지 궁금하다.

앞서 3가지의 의문점에 대해서 질문을 남겼다. 언급한 3가지의 문제는 결국은 무덤이라는 한정된 유적을 통해서만 가야인과 가야생활을 복

원하는 것에 대한 유의점을 상기하는 것이다. 고고학에서 보여지는 유물과 유적은 현재까지 살아남은 일부분의 유물이다. 이러한 유물을 통해서 당시의 사람과 생활을 복원하는 것은 그 이면에 남은 다양한 것들을 고려해야 할 것으로 생각한다.

참고문헌

이준정, 2011, 「작물섭취량 변화를 통해 본 농경의 전개 과정-한반도 유적 출토 인골에 대한 안정동위원소 분석 결과를 중심으로-」, 『상고사학보』 73.
이창희, 2015, 「김해 대성동고분군 88·91호분 출토 시료의 탄소14연대측정」, 『김해 대성동고분군-70호분 주곽·95호분-』.

4

형질분석으로 본
예안리 인골*

김재현 동아대학교 고고미술사학과

* 이 발표문은 김재현, 2013, 「몽골·우즈벡과의 형질을 통해 본 예안리 인골」, 『문물연구』 23호(동아시아문물연구
학술재단)의 내용을 일부 수정한 것이다.

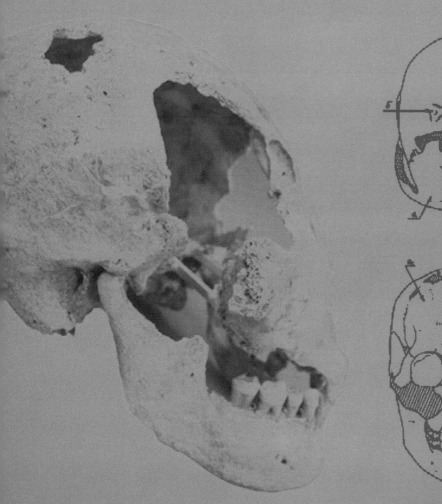

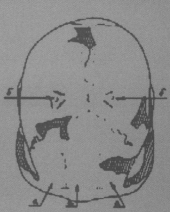

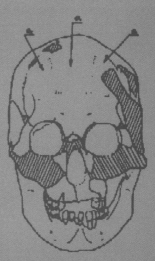

I. 머리말

2000년을 전후한 시기부터 한국 국립중앙박물관과 몽골 국립역사박물관 및 과학아카데미의 공동학술조사가 이루어지고, 그 결과 흉노에 대한 발굴 성과가 지속적으로 증대되어 왔다(대한민국 국립중앙박물관·몽골국립역사박물관·몽골과학아카데미 2004). 그러한 가운데 흉노의 유적에서 발굴된 인골이 유물과 함께 보고되면서 그에 대한 연구도 이루어지게 되었다(김재현 2001; 2011). 그러나 한국인의 형질에 대한 연구에서는 몽골과의 비교 연구는 물론, 중앙아시아의 실크로드 상에 위치한 우즈베키스탄과의 비교는 전혀 이루어진 적이 없다.

한국인은 몽골의 여행을 통해 종종 현대 몽골인이 우리와 너무 닮은 얼굴 모습에서 친밀감을 느끼기도 하고 지금의 중앙아시아 우즈베키스탄인이 우리와 다른 서구적 얼굴 모습을 한 것에서 이질적 차이점을 느끼기도 한다. 그러나 그것은 어디까지나 막연하게 와 닿는 느낌에 불과한 것인 만큼, 과연 그들이 형질적 비교에서 얼마나 공통점과 차이점을 나타내는지는 또 다른 문제이다. 몽골의 발굴 성과와 함께 흉노의 매장풍습에 관련된 연구가 발표되었다(장윤정 2012).

이에 본고에서는 이제까지 조사된 몽골의 인골과 우즈베키스탄의 인골을 중심으로 예안리와의 형질적 비교를 시도하고자 한다. 여기서 몽골과 우즈베키스탄을 비교조사 지역으로 한 것은 몽골과 흉노, 스키타이와의 비교를 위해서이다. 더욱이 알타이산맥을 경계로 몽골과 중앙아시아가 이어지며, 몽골은 다시 동쪽으로 한반도까지 이어지기 때문이다. 그러한 가운데 인골이 남아 있어 형질비교가 가능한 자료가 몽골의 울란바토르와 우즈베키스탄의 사마르칸트에 집중되고 있기 때문이다. 그러므로 본 연구는 이들 인골자료의 확보가 가능했던 두 지역과 한국 자료를 비교하고자 한다.

몽골에서는 크게 흉노와 몽골을 나누어 검토한다. 그리고 우즈베키스탄의 인골자료는 신석기시대부터 근대에 이르는 자료를 모두 사용한다. 한국과 역사적 관련성이 깊은 몽골과는 별도로 중앙아시아의 인골인 우즈베키스탄 자료를 본 연구에서 사용하는 것은 인골자료 확보의 용이성과 스키타이인의 자료비교가 목적이다. 그리고 지역적 연계선상에서 우즈베키스탄과 몽골 관련하여 살펴보면 중앙유라시아에서 중심이 되는 두 형태의 생활은 유목민과 정주민으로 말할 수 있다. 유목민은 사마천의 사기「흉노전」에 소개되고 있다.[1]

이들의 주된 활동무대는 몽골고원에서 시작하여 신강 위구르자치구 북부를 지나 카자흐스탄과 흑해 북방에 이르는 대륙 초원과 파미르를 중심한 산악지대이며 스키타이, 흉노, 훈, 선비, 유연, 돌궐, 위구르, 몽골을 비롯한 여러 유목집단이 이곳에서 활동하였다. 고대 페르시아를 위협하고 유라시아 청동기문화의 한 획을 이룩한 북방의 스키타이가 이곳에서 시작되었다. 그리고 초원의 남부, 즉 현재의 중국 신강 위구르자치구, 우즈베키스탄, 투르크메니스탄, 타지키스탄, 키르기스스탄 타클라마칸, 키지룸, 카라쿰 등은 일찍 오아시스농업이 발달하였으며 이 오아시스는 실크로드를 잇는 국제 교통로이다. 이로 인해 우즈베키스탄은 생업이 농업인 형태에서 상업에 종사하는 집단이 생겨나게 되고 그 후, 사마르칸트를 중심으로 이미 4~5세기 때는 중앙유라시아의 교통로를 장악하게 된다.

우즈베키스탄에서 활동한 상인들은 소그드인(胡商)이라 부르는 사람들로 동서의 전달자 역할도 담당한 사람들이다. 그들에 의해 간다라미술과 몽골, 투르크문자가 완성되고 조로아스터교와 마니교가 퍼지게 된다. 그러나 이러한 티무르제국도 15~16세기에는 몽골의 지배를 받게 되고 19세기 중엽에는 러시아의 식민지가 된다. 중앙아시아는 대략 기원전 7000년을 전후로 가축의 사육이 시작되어, 기원전 9세기경 先스키타이

....

1   사마천, 『사기』 권 110, 「흉노열전」 제50.

시대를 맞았고 기원전 7세기에서 기원후 1세기는 타가르문화의 영향에 있었다. 1370년 티무르가 티무르제국을 세운 뒤, 1405년 사망하고 1409년 몽골의 지배를 받는 세력이 사마르칸트에 입성하기까지 지배한다.

본 연구에서 우즈베키스탄의 인골자료를 다루는 것은 우즈베키스탄이 고고학에서 한국의 청동기문화와 관련 있는 것으로 추정되는 스키타이문화가 시작된 곳이며, 이후 흉노와 몽골과도 관련성이 있기 때문이다. 그러므로 비교에 있어서는 흉노와 몽골, 한국의 예안리 인골을 대비적으로 제시한다. 그리고 한국인과 관련해서는 우즈베키스탄인의 형질변화도 함께 알아본다. 그것은 몽골인과 구분되는 예안리의 형질적 특징을 보다 분명히 할 수 있는 하나의 방법이기도 하기 때문이다.

이에 본 연구는 김해 예안리인을 통해 그 동안 막연하게 그 관련성을 생각해 오던 몽골과 비교하여 한국인의 형질적 특성을 도출해 내고자 한다. 또한 중앙아시아의 우즈베키스탄과 비교를 통해 아시아 대륙상의 한국, 몽골, 중앙아시아의 형질적 비교 검토를 시도한다.

II. 연구대상과 방법

연구대상은 김해 예안리 인골 30개체(남성 91, 여성 58)를 비롯하여 몽골에서 계측한 인골 149개체(남성 91, 여성 58), 우즈벡[2] 인골 230개체(남성 87, 여성 143), 몽골과 우즈벡의 스키타이 자료 22개체(남성 14, 여성 8) 등 모두 431개체를 사용한다[3](표 1). 이들 개체는 모두 본 연구자가 직

....

2　‘II. 연구대상과 방법’ 이후로는 우즈베키스탄을 우즈벡으로 표기한다.

3　국립몽골대학교의 Dashzeweg Tumen교수로부터는 몽골의 인골자료와 시대구분에 대한 협조를 받았으며 우즈베키스탄 사회과학원(사마르칸트 소재)의 Samariddin Mustafokulov 연구원으로부터는 우즈베키스탄의 인골자료와 시대구분에 대한 협조를 얻었다.

[표 1] 연구대상 개체수

	Male	Female		Male	Female
Modern UZ.	52	38	Modern M.	3	0
Middle UZ.	4	58	Mongol	22	22
Bronze UZ.	29	47	Xiongnu E	21	11
Neolithic UZ.	2	0	Xiongnu W	32	18
			Bronze M.	13	7
230	87	143	149	91	58
Scythian	14	8	Yeanri K.	12	18
22	14	8	30	12	18
Total 431					

접 현지에서 계측한 인골이며 김해 예안리 인골의 경우도 이미 인골에 대한 결과가 보고되었지만(金鎭晶 외 1993, 315-317), 본 연구자가 1996년 부산대학교 박물관을 방문하여 재계측한 자료를 사용한다.

시기는 예안리가 4세기에서 7세기에 해당하는 유적이다. 몽골은 인골의 분류에서 청동기시대 자료가 B.C. 13세기~B.C. 3세기에 속하며, 흉노는 B.C. 3세기~A.D. 2세기, 몽골시대는 A.D. 12세기~16세기, 현대는 그 이후로 구분하고 있다. 우즈벡은 신석기시대를 B.C. 17세기 이전, 청동기시대 B.C. 17세기~15세기, 중세시대 A.D. 4세기~7세기, 현대는 18세기 이후로 구분한다. 또한 흉노는 울란바토르를 중심하여 중국과 한국으로 이어지는 지역을 동부, 중앙아시아와 이어지는 지역을 서부로 구분한다(Tuman 2006). 그 이유는 흉노의 경우 동부와 서부가 접하는 지역이 너무나 다른 차이점을 보이기 때문이다.

비교방법은 Martin의 계측법(Martin 1914; 1924)을 이용한 30항목의 계측하여 전반적으로 비교가 가능한 9항목의 지수(M8/1, M17/1, M17/8, M47/45, M48/45, M47/46, M48/46, M52/51, M54/55)를 검토하여 비교한다(도 1). 그리고 주성분분석과 클러스터분석에 의한 수형도도 작성

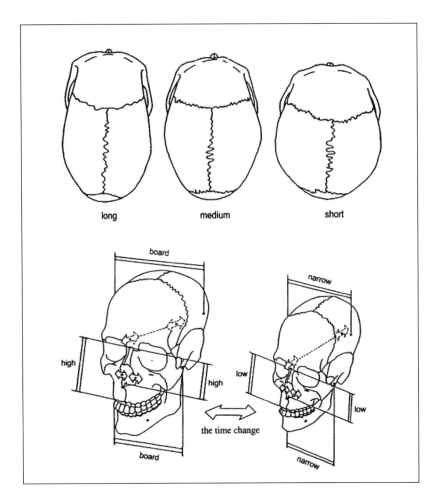

[도 1] 비교계측항목(坂田, 1996에서 수정)

한다. 신장의 비교는 한국인과의 비교를 위해 추정신장을 Pearson식 (Pearson 1899)을 한국과 몽골에 동일하게 적용한다. 다만 추정신장에서 몽골과 한국의 비교만이 이루어진 이유는 우즈벡의 경우 두개골만을 정리·보관함으로 사지골에 대한 정보가 없기 때문이다. 한국에서는 김해 예안리와 함께 신석기시대(연대도), 초기철기시대(늑도), 현대 한국인의 자료(김재현 2002)를 추가하여 비교한다.

III. 결과와 분석

앞서 제시한 대상과 방법에 따라 지수를 비교하여 보았다. 그 결과 우선 두개장폭지수(M8/1)에서는 예안리의 남성과 여성이 모두 중두(medium cranial)에 속하고 있다. 중두에 속하는 것으로는 우즈벡의 중세 남녀와 동부 흉노의 남성이 해당된다. 우즈벡 현대 남녀와 몽골 남녀는 단두(short cranial)에 속하며, 서부 흉노와 청동기시대 우즈벡 남녀는 장두(long cranial)에 속한다. 여기서 흉노는 동부와 서부가 같은 시기에 지역에 따라 중두와 장두로 차이점을 나타낸다. 더욱이 예안리와 같이 중두에 속하는 동부 흉노는 몽골이 속하는 단두에 더 근접하고 있다. 하지만 두개장폭지수는 동부 흉노가 서부 흉노보다 예안리와 더 근접하고 있는 것은 사실이다. 우즈벡은 두개장폭지수가 청동기시대 장두(long cranial)

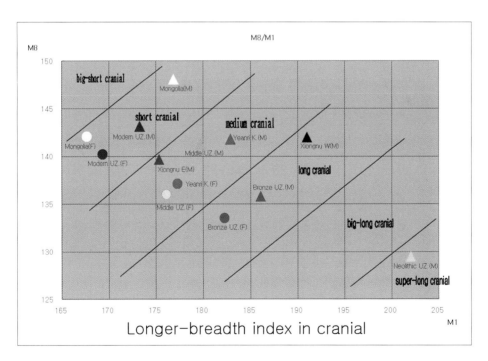

[도 2] 두장폭지수 비교

[도 3] 신석기 변형 두개 사진(저자 촬영)

에서 시작하여 시대의 진행과 함께 중두, 단두로 점차 변해가는 특징을 보이고 있어서 비교적 점진적인 변화 과정을 거치고 있다. 현대 한국인(島五郎 1934)이 단두인 데 비해 예안리가 중두인 것은 한국도 시대의 진행에 따라 단두로 변해가는 특징을 보인다 할 수 있다(도 2). 우즈벡 신석기 인골은 초장두(super-long cranial)이지만 두개변형의 가능성이 있어 검토에서는 제외시킨다(도 3).

두개장고지수(M7/1)는 예안리 남녀 모두 중두(middle cranial)에 속하며 동부 흉노와 중세 몽골의 남성, 우즈벡의 청동기시대 남녀와 중세 남성이 중두에 속하고 있다. 그러나 중세시대 우즈벡 여성과 현대 우즈벡 남녀는 고두(high cranial)에 속하며, 몽골 여성은 중두에 가까운 저두(low cranial), 서부 흉노 남성도 저두에 속한다. 여기서도 우즈벡은 중두에서 고두로 변하는 시대적 양상을 보이지만 몽골은 지역적 차이점이 반영되고 있는 것으로 보인다(도 4).

두개폭고지수(M17/8)는 예안리의 남녀가 중두(medium cranial)에 속하며 현대 우즈벡 남녀와 중세 우즈벡 남성, 동부 흉노가 예안리와 같이 중두에 속하고 있다. 중세 우즈벡 여성은 중두에 가까운 협두(narrow cranial), 청동기시대 우즈벡 남녀도 협두에 속하고 있다. 서부 흉노 남성과 몽골 남녀는 평두(flat cranial)에 속한다. 여기서도 흉노는 동서가 차이를 보이지만 동부 흉노도 평두에 근접하고 있어서 몽골 전체가 평두의 특징에 속한다 할 수 있다. 그에 비해 우즈벡은 협두에서 중두로 변하는 시대적 변화 양상이 확인된다(도 5).

Virchow안지수(M47/46)는 예안리 남녀가 저안(low facies)에 속하며 동부 흉노 남성과 몽골 여성, 청동기시대 우즈벡 남녀, 현대 우즈벡 여성이 같은 저안이다. 그러나 청동기시대 우즈벡 남녀와 현대 우즈벡 여성

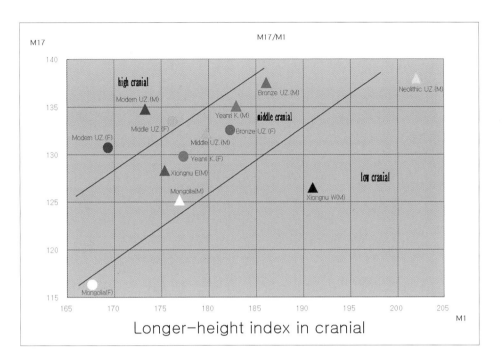

[도 4] 두장고지수 비교

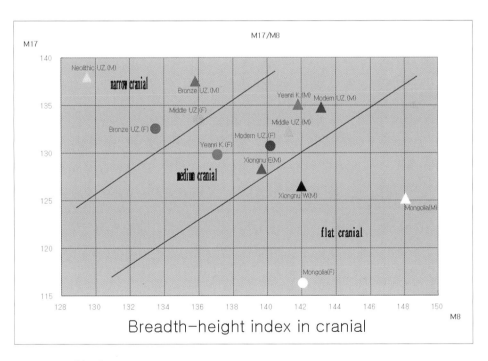

[도 5] 두폭고지수 비교

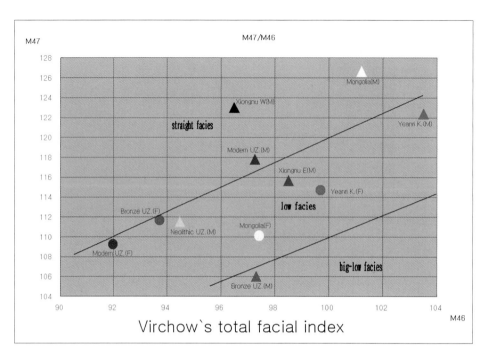

[도 6] 안지수(V) 비교

은 정안에 가까운 저안이다. 이에 비해 서부 흉노와 몽골 남성, 현대 우즈
벡 남성은 정안(straight facies)에 속하고 있다. 여기서도 몽골은 흉노와
중세 몽골의 남녀가 차이점을 보인다(도 6).

　　Kollman상안지수(M48/45)는 예안리가 남녀 모두 중상안(middle
upper facies)이며 중세 몽골 남녀와 우즈벡 청동기시대 남성, 중세 우즈
벡 여성, 현대 우즈벡 남녀가 중상안에 속한다. 고상안(high upper facies)
은 동서 흉노와 우즈벡 중세 남성, 우즈벡 청동기시대 여성이 속한다. 우
즈벡은 시대에 다른 큰 차이를 보이지 않으며 고상안과 중상안으로 나뉘
지만 경계를 중심으로 근접하는 데 비해 몽골은 시대별 차이가 현저한 편
이다(도 7).

　　안와지수(M52/51L)에서는 우즈벡 인골 모두와 동부 흉노 남성, 중세
몽골 남성, 예안리 여성이 중안와(middle orbital)에 속하는 데 비해 예안
리 남성, 서부 흉노 남성, 중세 몽골 여성은 고안와(high orbital)에 속하고

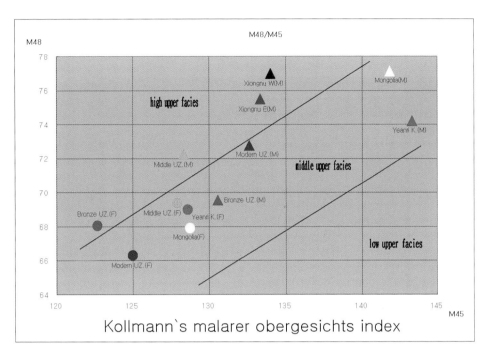

[도 7] 상안지수(K) 비교

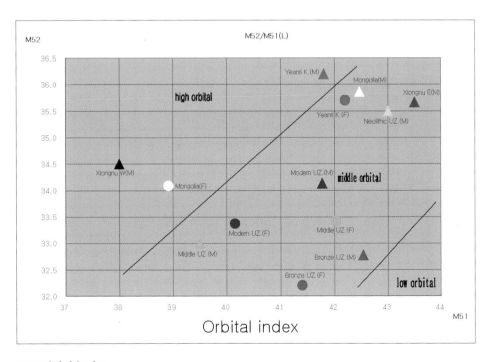

[도 8] 안와지수 비교

있다. 그러나 예안리의 경우는 남녀가 지수 경계선을 중심으로 매우 근접한 특징을 보인다(도 8).

코를 분류하는 비지수(M54/55)는 예안리 남성이 광비(broad nasal), 여성이 중비(middle nasal)에 속하는 데 비해서 중세 몽골의 여성은 광비, 남성은 중비에 동부 흉노와 함께 속하고 있다. 서부 흉노는 협비(narrow nasal)에 속하며 우즈벡 청동기시대 남성과 중세 여성, 현대 남성이 협비에 속한다. 우즈벡 청동기시대 여성과 중세 남성, 현대 여성은 중비에 속한다. 비지수는 한국과 몽골, 우즈벡 모두가 일정한 법칙성을 보이지 않으며 다른 지수보다 시대나 지역, 성별에 따라 변화가 심한 것으로 보인다(도 9).

이상의 지수 분석과 함께 다음은 두개계측에서 얻어진 30개 항목의 계측치를 중심으로 주성분분석을 행하고 수형도를 작성하였다. 분석은 모두 남성과 여성으로 구분하여 비교하였다. 남성 계측치를 대상으로 한

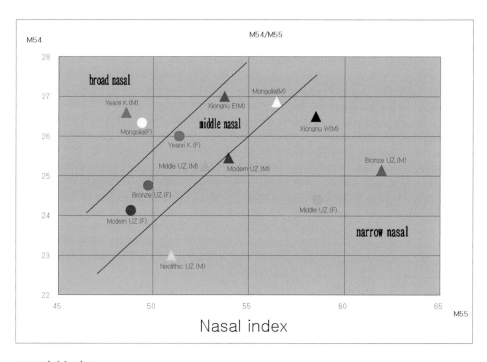

[도 9] 비지수 비교

주성분분석 결과 김해 예안리와 스키타이, 우즈벡 청동기시대가 같은 범
주에 속하고 있으며 우즈벡 중세와 현대도 매우 근접되고 있다. 또한 몽
골의 흉노와 중세 몽골도 매우 근접한다(도 10). 여성에서의 주성분분석
에서는 예안리 여성과 스키타이, 우즈벡 청동기시대와 중세, 현대의 여성
이 매우 근접하고 있다. 흉노와 중세 몽골은 다른 범주에서 근접된 양상
을 보인다(도 11).

이것을 종합하면 남녀 모두 주성분분석에서 김해 예안리는 흉노나
중세 몽골과 형질적 상관관계가 없으며 오히려 스키타이나 우즈벡과 근
접하는 양상을 보인다. 그러나 우즈벡의 경우는 예안리와 공통된 시대별
일괄성이 없는 것과 달리, 스키타이와는 남녀 모두에서 상관관계를 갖는
점은 우연으로 볼 수는 없을 것이다.

클러스터분석에 의한 수형도에서는 남성이 크게 3개 정도의 군을 이
루는데 흉노, 중세 몽골, 현대 몽골에서 근접한 군을 이루며 몽골 청동기

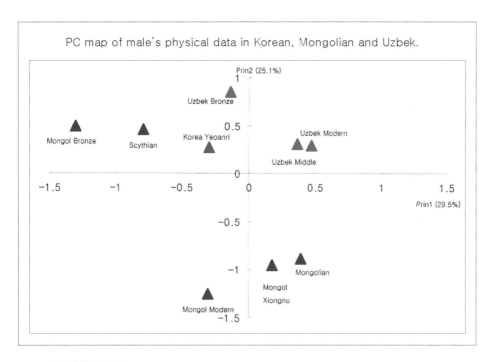

[도 10] 주성분분석(남성)

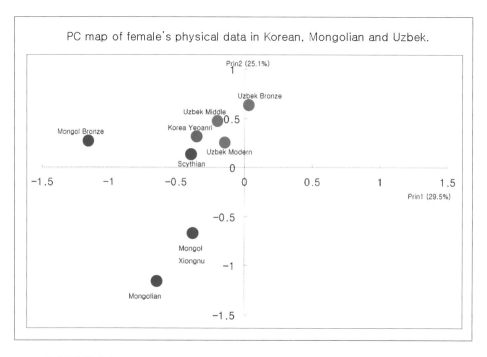

[도 11] 주성분분석(여성)

시대와 스키타이가 근접군을 이룬다. 이에 예안리는 몽골과 달리, 우즈벡과 군을 이루며 특히 우즈벡 중세와 현대가 근접한 거리를 이루는 데 비해 우즈벡 청동기시대는 예안리보다 더 먼거리에서 우즈벡의 다른 시대와 군을 이루고 있다(도 12).

또한 여성의 경우는 거리에서 크게 2개의 군으로 나눌 수 있으며 작게는 3개의 군 정도로 나눌 수 있다. 예안리와 매우 근접한 거리로서는 스키타이가 있으며 우즈벡 청동기시대와 중세를 포함해 하나의 군으로 묶을 수 있다. 또한 몽골 청동기시대와 우즈벡 현대가 하나의 군을 이룬다. 그 외 흉노와 중세 몽골이 하나의 군이다(도 13). 수형도에서는 흉노와 중세 몽골은 형질적으로 남녀가 매우 근접한다고 할 수 있다. 그러므로 Tuman이 주장하는 것처럼 흉노에 있어서도 지역적 이질성이 크게 작용하여 몇 개의 중요 집단으로 나누어진다(Tuman 2006, 168-172) 하더라도 몽골의 역사에서 흉노와 지금의 몽골인은 크게 차이나는 다른 형질의 집

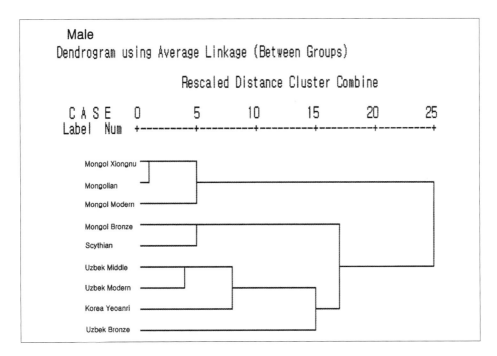

[도 12] 클러스터분석에 의한 수형도(남성)

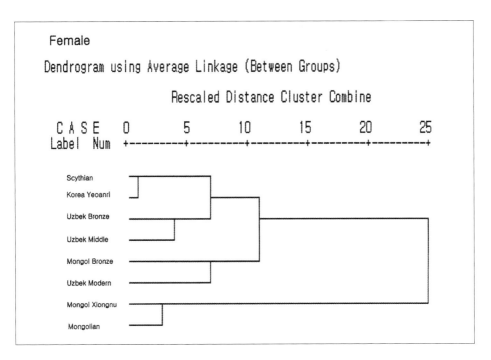

[도 13] 클러스터분석에 의한 수형도(여성)

단으로 보기는 어렵다는 것을 이번 분석에서 말할 수 있을 것이다.

그리고 예안리의, 특히 여성에서 스키타이와의 근접성이다. 이것은 수형도의 결과에서뿐 아니라, 앞서 주성분분석의 상관관계에서도 같은 양상인 점은 비록 시대는 차이가 나지만, 시대적으로나 지역적으로 다소 근접하는 몽골보다도 스키타이와의 형질적 관련성이 높다고 판단할 수 밖에 없다. 그것은 예안리가 남성이나 여성 모두에서 주성분분석과 클러스터분석에 의한 수형도에서 결코 흉노나 몽골과 근접하거나 같은 군을 이루지 않고, 오히려 우즈벡과 근접하다는 점에서도 알 수 있다. 그것은 우즈벡이 예안리와 형질적 관련성이 있는가에 대한 판단에서는 계측에 의한 지수 비교에서 공통적 패턴을 보이지 않으며, 오히려 동부 흉노가 예안리와 지수비교에서 유사한 패턴을 보인다. 그럼에도 불구하고 주성분분석과 수형도에서는 흉노나 몽골과 전혀 상관관계와 군을 이루지 못하는 점에서 예안리의 형질적 특성이 흉노나 몽골과는 이미 오래전부터 다르게 형성된 것임을 의미한다. 이런 의미에서 한국인을 고대로부터 막연하게 몽골과 관련한 민족으로 단정하고 닮았다고 표현하기에는 형질적인 면에서 분명히 차이점이 있다. 우즈벡의 경우는 남성에서 중세와 현대가 주성분분석이나 수형도에서 너무나 상관이 높은 데 비해 청동기시대와는 상관관계와 거리가 멀다. 이것은 우즈벡이 청동기시대에 유목 중심의 생활에서 농경 중심의 생활로 전환한 것과 관련한 것으로 보여진다 (고마츠 히사오 2005, 107-108). 그러므로 형질에서도 우즈벡은 중세에서 현대로의 연속성이 유지된 결과라고 보아야 한다.

다음은 평균 추정신장으로 비교해 본 한국과 몽골이다(표 2). 예안리의 남녀는 평균 추정신장이 각각 164.7cm와 150.8cm를 나타내며 한국의 신석기시대 남성이 164.0cm, 초기철기시대 남녀가 각각 161.3cm와 147.3cm, 현대 한국인이 남성 161.2cm, 여성 147.5cm인 것과 비교하여 전반적으로 고른 신장치를 보인다. 그에 비해 몽골의 경우는 몽골의 스키타이가 남성 160.2cm, 여성 152.2cm이며 흉노의 경우는 동부의 남녀가

[표 2] 한국·몽골 추정신장

Korea	cm	Mongolia	cm
		Scythian	M 160.2 F 152.2
Neolithic	M 164.0	Neolithic(B.C. 8000-6000)	M 163.7
Early Iron	M 161.3 F 147.3	Bronze(B.C. 13c-3c)	M 164.1 F 148.2
		Xiongnu E(B.C. 3c-A.D. 2c)	M 167.2 F 152.8
Yeanri	M 164.7 F 150.8	Xiongnu W	M 162.9
		Mongolia(A.D. 12c-16c)	M 161.2 F 148.5
Modern K.	M 161.2 F 147.5	Modern M.	M 159.9

각각 167.2cm와 153.8cm인 데 비해 서부의 남성은 162.9cm여서 동부에 비해 서부의 남성이 낮은 신장치를 보인다. 그러나 몽골은 남녀가 각각 161.2cm, 여성이 148.5cm이며 현대 몽골 남성이 159.9cm인 것과 비교하면 흉노를 선두로 시대가 늦어질수록 평균 신장도 점점 낮아지는 현상을 보인다. 이것은 추정신장도 몽골이 지역적, 시대적 차이를 반영한 결과라고 생각된다.

IV. 결론

이상에서 몽골과 우즈벡의 자료를 사용한 한국인, 즉 예안리인과의 형질적 비교와 주성분분석 및 클러스터분석에 의한 수형도 작성을 행하였으며, 몽골과 한국과의 추정신장도 비교해 보았다. 결과, 형질적 비교에서는 예안리의 남성과 여성은 모두 동일한 형질적 특성의 범주에 위치하고 있다. 그에 비해 몽골은 시대적으로나 지역적으로, 그리고 성별에서도 큰 차이점을 보인다. 이것은 몽골이 오랜 세월 유목에 의존한 것과 관련한 것으로 보인다.

그러나 우즈벡의 경우는 시대적으로 일관된 변화 양상이나 공통성을 보이는 점과 남성과 여성에 있어서도 예안리처럼 시대별로 동일한 범주에 속하는 점에서 농경과 같은 정주가 크게 작용한 것으로 보인다. 그리고 주성분분분석에서는 남녀 모두가 김해 예안리는 흉노나 중세 몽골과 형질적 상관관계가 없으며 오히려 스키타이나 우즈벡과 근접하는 양상을 보인다. 우즈벡과 근접한 양상을 보이는 것은 오히려 몽골과 예안리인이 서로 다른 상관의 것임을 강하게 반영한 결과로 해석된다. 그러나 스키타이와의 상관에 있어서 예안리의 남성과 여성 모두가 근접한 상관관계를 보이며 특히 여성에서 더욱 높은 관련성은 보이는 것은 한국의 고대인, 즉 예안리 인골과 스키타이 사이에 형질적 관련성을 결코 우연에 붙일 것이 아님을 시사한 것이다. 더욱이 수형도에서도 주성분분석과 같이 스키타이가 예안리와 무관하지 않으며 이것은 주성분분석과 같이 여성에서 더 근접한 군을 이루고 있어서 주목된다.

그러므로 한국인, 특히 한국의 고대 예안리인을 통해 볼 때, 한국은 흉노나 몽골과 형질적으로 근접한 상관관계나 군을 이루지 않는 점에서 적어도 삼국시대 이전부터 동북아시아 속에서 흉노나 몽골과는 구분되는 형질적 특성을 이루고 있었을 가능성이 상정된다. 또한 추정신장에서는 한국인이 한반도 내에서 시기적으로 큰 이질적 차이를 보이지 않는 평균 신장치를 보이는 데 반해, 몽골은 시대적·지역적 차이가 예상되는 평균 신장치를 나타내고 있다. 즉 이것은 한국인이 오랜 기간 농경과 같은 정주된 생활을 이룬 데 비해, 몽골인은 오랜 기간 이동에 기반한 유목생활이 반영된 결과로 추정된다.

이번 비교는 자료의 한계가 갖는 어려움을 인정할 수밖에 없다. 그러나 한국인에 대한 형질적 연구가 주로 일본이나 중국에 맞춰지던 것에서

탈피하여 동북아시아와 중앙아시아를 잇는 선상에서 검토된 것에 의미를 두고 싶다. 한국은 물론 비교하고자 하는 다른 나라의 경우에서도 유물이나 유적과 달리, 인골자료는 시대적 연결성을 갖지 못하고 자료 수에 있어서도 일관된 개체수를 확보하지 못하고 있기 때문에 그 점은 형질에 대한 연구가 갖는 영원한 딜레마일 것이다. 이 점은 인류학과 고고학 모두의 관심과 노력 속에 해결해 나갈 문제이다.

참고문헌

고마츠 히사오, 2005, 『중앙 유라시아의 역사』, 이평래 역, 소나무.

金鎭晶·小片丘彦·峰和治·竹中正已·佐熊正史·徐始男, 1993, 「金海禮安里古墳群出土人骨 (II)」, 『金海禮安里古墳群 II』, 釜山大學校博物館.

김재현, 2001, 「몽골 모린톨고이 흉노시대 무덤 출토 인골에 대한 분석」, 『몽골 모린톨고 이 흉노무덤』, 대한민국 국립중앙박물관 외.

_____, 2002, 「체질인류학에서 본 고대 한일관계사」, 『고대한일관계사의 새로운 조명』, 제15회 한국고대사학회 합동토론회.

_____, 2011, 「몽골 도르릭나르스 흉노무덤 출토 인골에 대한 분석」, 『몽골 도르릭나르스 흉노무덤 I』, 대한민국 국립중앙박물관 외.

대한민국 국립중앙박물관·몽골국립역사박물관·몽골과학아카데미, 2004, 『국립중앙박물 관 몽골학술조사 성과 2002~2004』.

장윤정, 2012, 「동물 부장양상을 통해 본 북흉노의 매장습속-몽골지역을 중심으로-」, 『문 물연구』 22호, (재)동아시아문물연구학술재단.

사마천, 『사기』 권 110, 「흉노열전」 제50.

島五郎, 1934, 「現代朝鮮人體質人類學補遺·頭蓋骨の部」, 『人類學雜誌』 49.

Martin, R., 1914, *Lehrbuch der Anthropologie*, Jena: Gustav Fischer.

_____, 1927, *Lehrbuch der Anthropologie*, 2nd edn., Jena: Gustav Fischer.

Pearson, K., 1899, Phil. Trans. Royal Soc. Series A, 192.

Tuman, D., 2006, 「몽골의 고대주민집단에 대한 인류학적 비교연구」, 『동북아지역문화의 국제적 조명』, 동아대학교 석당학술원.

「형질분석으로 본 예안리 인골」에 대한 토론문

이혜진 국방부 유해발굴감식단

　김해 예안리 출토 인골 컬렉션은 토양의 산성도 등 주로 자연환경적인 특징으로 추정되는 요소들로 인해 삼국시대 또는 그 이전의 인골자료가 드문 우리나라에서 고고학 및 인류학적으로 단연 큰 연구 가치를 가지고 있다고 판단됩니다. 그러한 자료들을 이용하여 유사 시기에 해당하는 주변 국가들에서 출토된 인골을 비교하고자 한 김재현 교수님의 연구가 미래에 후속으로 이루어질 수 있는 다수의 연구들에 비교 가능 자료를 제시하는 것은 물론 많은 동기부여로 작용할 수 있을 것으로 생각됩니다.

　골격의 형태를 기초로 인구집단의 형질적 특징을 밝히고 집단 간 유사성과 이질성을 비교하고자 하는 것은 형질인류학 분야에서 전 세계적으로 가장 오래도록 시도되어 왔으며 최근 들어선 유전학 등의 학문과 학제 간 연구를 통해 다양한 비교 연구의 결과들이 도출되고 있습니다. 이에 시기와 지역 등에서 비교가 유의미한 다양한 인골 컬렉션을 특히 관찰자 간 오류(inter-observer error) 가능성을 배제한 상태로 제시한 본 연구의 가치와 중요성에 동의하며 본 연구에 흥미를 가지고 있는 많은 독자들을 대표해서 더 폭넓은 이해를 돕고자 연구에 적용된 형질인류학 및 통계적 방법론에 관해 몇 가지 질문하고자 합니다.

　첫째, 본 논문에서 예안리, 몽골, 우즈베키스탄 인골의 비교 분석을 위해 클러스터분석 방법 (cluster analysis)이 사용되었습니다. 인류학적 계측 분석을 통해 수집한 대량의 데이터를 통계적으로 분석하여 집단 간의 상호관계를 연구한 본 연구의 시도는 흥미로우며 학술적 가치가 있다고 판단됩니다. [도 12]와 [도 13]을 보면 average-link cluster analysis를 사용한 것으로 생각되는데 데이터의 특징을 고려했을 때 상기 분석법을 사용하는 것이 적절하다고 판단되지만 다른 계층적 군집 분석(hierarchial clustering)과 마찬가지로 이상치(outlier)가 있을 경우 전체 결과에 편향성(bias)이 생길 가능성이 있다는 위험성이 존재합니다(Baxter 2015). 특히 김해 예안리 인골의 경우 편두 사례가 널리 알려져 있어 이로 인해 본고를 읽는 독자들이 편두 계측 결과로 인한 군집분석 오류 가능성에 대해 의문을 가질 수 있다고 생각됩니다. 김해 예안리 인골 중 특히 여성의 경우 편두로 일컬어지는 인위적 두개변형(intentional cranial deformation) 특징이 다수 보고되었는데 본 연구에서 그 자료들이 포함되었는지 여부에 관한 설명이 제시되어야 할 것으로 생각됩니다. 본 연구의 방법은 골격 계측이기 때문에 특이 형태를 가진 골격이 소수로 구성된 샘플에 포함될 경우 집단 전체의 결과값에 큰 영향을 미칠 수 있기 때문에 이에 대한 결과 해석의 오해를 방지하기 위해 연구자료에 관해 조금 더 구체적으로 설명해 주신다면 이해에 큰 도움이 될 것 같습니다.

둘째, 흉노의 경우와 같이 분석 결과에 그룹 내 차이가 존재한다고 판단되는 집단의 경우 그룹 내 다양성 또는 변이(variation)를 보여주기 위해 집단 내 평균 거리 분석(Within Group mean distance analysis)을 추가로 제시한다면 독자들이 좀 더 명확한 결과를 이해할 수 있을 것이라 생각됩니다.

셋째, 신장 추정 분석에 Pearson(1899)의 방법이 사용되었는데 Pearson 공식은 프랑스인 시신을 대상으로 공식이 만들어졌기 때문에 다른 인구집단에 적용할 경우 자칫 왜곡된 결과가 도출될 수 있는 우려가 있습니다. 또한 골격 부위 및 방향에 따라서도 각기 다른 고려사항이 있기 때문에 본 연구에 자료로 사용된 골격들이 집단별로 모두 동일 부위 또는 방향이 사용되었는지와 적용 시 위에서 고려사항들이 적절히 통제되었는가에 관한 언급이 제시되면 독자들이 결과를 객관적으로 해석하는 데 큰 도움이 되리라 생각됩니다.

또한 알려진 바와 같이 신장의 변화 또는 정도는 유전적인 변이 요소도 물론 고려되어야 하나 생전 개체가 섭취한 영양의 수준과 영양 공급 환경의 안정성에 많은 영향을 받습니다. 다시 말해서 신장의 수준은 개체가 속한 사회 및 경제적 수준과 맞닿아 있다고 볼 수 있습니다. 본 연구 결과에서는 한국인이 몽골인에 비해 신장의 변화가 시대별로 크지 않았고 그 원인을 농경을 통한 정주 생활로 보았습니다. 그러나 농경의 시작으로 다수가 집단으로 생활하며 전염병 등에 노출될 위험이 증가하고 기후의 영향으로 식량 획득의 예상 가능성이 유동적이어서 농경민이 수렵채집민에 비해 건강상태가 좋지 않았다는 연구 결과들 역시 다수 보고되었습니다. 그러므로 이동 생활을 한 유목민 또는 수렵채집민에 비해 농경민이 건강 및 영양 상태가 더욱 안정적이었다고 해석할 수 있을지에 관해서는 앞으로 더 많은 논의가 필요하다고 판단됩니다.

5

유라시아 편두의 분포와 의미

고영민 국립김해박물관

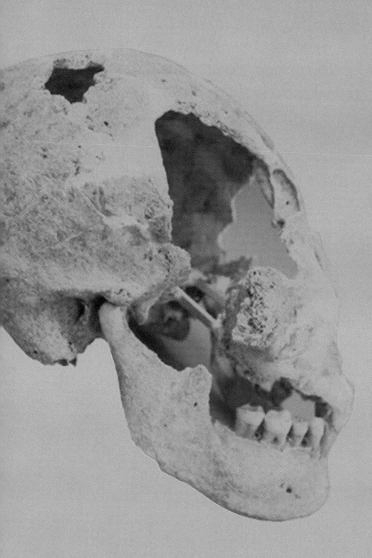

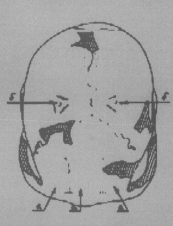

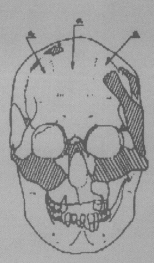

I. 서론: 편두란 무엇인가?

　가야인의 풍습은 순장, 편두, 발치, 문신 등으로 이에 관한 문헌기록은 서기 3세기 중국의 진수(陳壽: 233~297)가 쓴 『삼국지三國志』 위서 동이전[1]에서 확인된다. 이 중 편두는 가장 극단적인 신체 변형 풍습으로, 1976년부터 부산대학교 박물관에서 조사한 '김해 예안리유적' 발굴조사를 통해 편두로 변형한 두개골이 실증되었다.

　편두(褊頭)란 뼈가 성장하는 단계인 유아기 때 나무나 돌, 천 등을 머리에 둘러 두개골을 인공적으로 변형하는 것을 말한다. '褊'의 사전적 의미는 '납작하다'로, 삼국지에서는 진한 사람의 머리가 모두 납작하다라고 기록한 것으로 보아 당시 사관이 주목할 정도로 상당히 유행하였던 것으로 보인다. 이러한 두개골 변형은 영문으로 Intentional cranial modification, 혹은 Artificial cranial deformation이라고 하는데, 후술하겠지만 인공적인 두개골 변형은 전 세계적으로 전 시기에 걸쳐서 널리 유행하였다. 서양을 대표하는 고대 역사가인 헤로도토스(B.C. 484~425)는 지중해 일대의 고대국가와 민족에 대해 저술한 자신의 저서 『역사』에서 편두를 독특한 습속으로 다루었다. 히포크라테스도 저서에서 편두를 만드는 방법 등에 대해 저술하였다. 이처럼 편두, 즉 두개골 변형은 고대부터 전 세계적으로 퍼져 있었던 신체 변형 습속의 대표적인 예로 인식되고 있었다.

　편두는 두개골 변형의 일종으로, 예안리의 경우와 같이 납작한 형태의 변형, 장두형의 긴 두개골 변형, 후두골 변형 등 다양하게 확인되고 있다. 즉 두개골 변형이라는 광의의 개념 안에 머리를 납작하게 변화시키는

1　　"兒生, 便以石厭其頭, 欲其褊 今辰韓人皆褊頭" 어린아이가 출생하면 곧 돌로 그 머리를 눌러서 납작하게 만들려 하기 때문에 지금 진한 사람의 머리는 모두 납작하다.

편두가 포함되어 있다. 변형 형태도 중요하지만 일반적인 두개골과 비교하여 인공적인 변형의 흔적이 확인되는 것 또한 중요하다.

따라서 본고에서는 전 세계적으로 퍼져 있는 두개골 변형의 다양한 양상을 파악하고 이를 통해 편두가 가진 특징을 알아보고자 한다. 편두는 신대륙과 아프리카 등 전 세계에서 발견되지만, 우리와 연관성이 있는 유라시아 지역을 한정하여 연구 현황과 함께 편두의 전개 양상에 대해 살펴보고자 한다. 특히 예안리유적과 동시기인 4~7세기 대의 유라시아 지역의 분포와 특징을 검토하여 편두가 가진 의미를 넓은 시각에서 보고자 한다.

II. 편두 연구 현황과 전개 양상

1. 우리나라 편두 연구 현황

우리나라 편두 연구는 한정된 자료로 인해 활발하게 연구되지는 못하였다. 인류학적 관점에서 두개골을 신생아 때부터 인공적으로 변형시키는 것은 매우 흥미로운 풍습으로 여겼으며, 두개골 변형에 대한 연구는 현재도 세계적으로 매우 활발하게 진행되고 있다. 서양의 인류학자들은 이미 20세기 초부터 인간의 두개골 변형에 대해 관심을 가지며 연구해왔다. Dingwall(1931)은 아메리카, 아프리카, 근동, 동남아시아, 중국, 인도, 태평양 섬 및 호주의 두개골 변형 사례를 소개하였다. 초기 연구 중 대표적인 것은 1940년 쥐로프(Жиров 1940)의 분류로 정상 두개골과 비교하여 후두부 변형 등에 대한 다양한 사례를 분석하기도 하였다.

편두 연구가 본격적으로 시작된 것은 김해 예안리유적 발굴조사부터이다. 김해 예안리유적에서는 10개체의 편두 및 편두 의심 인골이 발

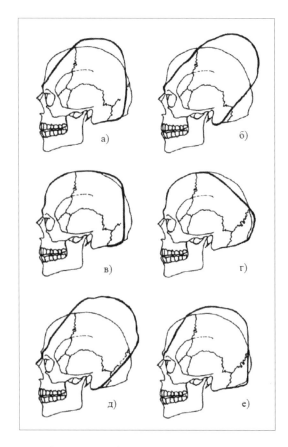

[도 1] 쥐로프(Жиров)의 분류, 1940

견되었으며, 특히 85호, 99호는 『삼국지』 동이전에 나타난 당시 습속을 잘 표현한 사례로 주목받았다. 예안리 보고서에서는 변형두개(變形頭蓋)로 명칭하였으며, 단두성이나 높낮이, 돌출부 등의 근거를 들어 인공변형이라 보았다. 다만 10개체 모두가 확실한 인공변형이라는 것에는 신중하게 검토해야 한다고 지적하였다(부산대학교 박물관 1993).

발굴조사를 통해 실증된 문헌기록 속 편두는 가야인의 습속을 이야기하며 주로 연구되어왔다. 김상우는 편두의 사회적 성격에 대해 논하였는데, 편두를 한 목적을 지배층이 아닌 일반민들이 종교적인 의식을 바탕으로 한 주술적 행위로 보았다(김상우 2005).

또한 예안리유적에서 편두 인골이 출토된 유구의 출토품 양상을 통해 당시 일반민 중에서 하층 또는 약자에 해당하는 사람들이 편두를 했으며, 4세기 한정된 시기와 계층에서 행해진 것으로 보아 기존과 다른 출신이 했을 가능성을 제기한 연구도 있다(이영식 2009). 권주현은 가야인의 습속에 대해 전반적으로 다룬 자신의 저서에서 편두는 이질적인 습속이 아니라 당시에는 미용을 위한 성형의 일종으로 보기도 하였다(권주현 2014).

한정된 자료에도 불구하고 고고학과 인류학에서도 편두는 연구되었다. 이재현은 신라 교동리 94-3유적에서 출토된 두개골을 편두로 보고 신라의 편두 습속에 대해 논하였다. 편두의 분포 사례를 토대로 중앙아시아 지역에서 유행한 습속이 유리구슬과 함께 전래되었을 가능성을 제기하였다(이재현 2017).

정현우·우은진은 예안리 출토 편두를 늑도, 임당 유적의 정상 두개골과 기하학적 형태측정 및 다변량 통계를 이용하여 비교하였다. 변형된 두개골은 상대적으로 평평한 정면부를 가지며 변형된 정수리뼈를 보여주며, 이는 전방에서 후방으로의 압력의 영향임을 입증하였다(Jung and Woo 2017). 이원준 등은 신라 교동 출토 두개골 분석을 통하여 해당 인골은 장두형의 특이한 형태를 가지고 있으며 정상인 속 다양성의 모습을 보이며 편두일 가능성은 적다고 이야기하였다(Lee et al. 2016). 강인욱은 보이스만 유적의 편두를 비롯하여 훈족의 편두와 김해 예안리의 편두를 비교하여 소개하고 편두의 분포에 대한 다양한 소견을 제시하였다(강인욱 2009).

정리하자면 우리나라에서 두개골이 편두로 변형되었거나, 변형되었다고 의심되는 사례가 보고된 예는 매우 적다. 이에 편두 연구는 주로 문헌사의 습속을 뒷받침하는 형태로 연구되어 왔으며, 해부학이나 고고학적으로 연구를 시작해 가는 단계이다. 편두 의심 개체에 대한 논쟁점이 되는 부분이 존재하고 있어 향후 연구를 통해 규명되어야 할 부분이다.

2. 유라시아 편두의 전개

인공적으로 두개골을 변형시킨 사례는 전 세계에서 다양한 시대에 걸쳐 확인되고 있다. 선사시대부터 유라시아를 비롯하여 아프리카와 남아메리카까지 분포 양상이 확인된다. 현재까지 가장 이른 두개골 변형은 이라크 샤니다르(Shanidar)에서 발견된 약 45,000년 전의 두개골로 알려져 있으나(Trinkaus 1982), 확실한 두개골 변형인지에 대한 논쟁이 있다.

동아시아에서 가장 이른 편두는 신석기시대로 알려져 있다. 2011년에서 2014년까지 발굴된 중국 길림성 다안시 송눈 평원 일대의 호우타오

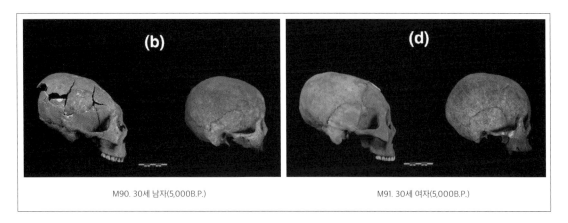

M90. 30세 남자(5,000B.P.)　　　　　　M91. 30세 여자(5,000B.P.)

[도 2] M90, M91 30세 남/여 두개골 변형 사진(Zhang 2019에서 수정)

무가(后套木嘎, Houtaomuga) 유적에서는 약 12,000B.P.에서 5,000B.P.에 이르는 인공 변형 두개골 11개체가 확인되었다(Zhang 2019).[2]

이 중 1개체의 연대측정 결과 12,000B.P.로 확인되었으며, 10개체는 6,300~5,000B.P.에 해당된다. 해당 두개골들은 주로 유아기, 즉 두개골이 부드럽고 연성일 때 변형을 거쳤다. 변형 방식은 머리를 헝겊과 같은 소재로 단단히 감싸 변형하는 방식으로 압력을 가한 것으로 보인다. 동시기 같은 유적에서 확인된 변형시키지 않은 두개골과 비교할 때 전두부와 후두골에서 변형의 흔적은 잘 확인된다.

러시아 연해주 지역의 대표적인 신석기 유적인 보이스만 II유적 (Boisman culture, 6500-4700B.P.)에서도 두개골 변형 인골이 확인되었다 (Shapakova 1995). 두개골의 전두부(Frontal bone), 후두부(Occipital)를 변형시킨 것으로 알려져 있으며, 5,800~5,400B.P.에 해당한다. 이는 동아시아에서 매우 이른 시기의 편두 사례로 주목받았다(POPOV 2016). 또한 형질인류학적 연구로 보이스만의 인골은 캄차카와 추코트카에 거주하는

....

2　　后套木嘎 신석기 문화는 크게 1~4단계로 구분되며, 방사성탄소연대측정 결과 12,000~5,000 년 전에 해당된다. 22개소의 무덤과 25개체의 고인골이 확인되었다.

[표 1] 后套木嘎유적 출토 두개골 변형 일괄표(Zhang 2019에서 수정)

번호	샘플 번호	성별	나이(±)	연대(B.P.)
1	M45	남자	30	13,000~11,000
2	M41	-	7	6,300~5,500
3	M50	-	7	6,300~5,500
4	M72	-	8	6,300~5,500
5	M92	-	3	6,300~5,500
6	M94	남자	40	6,300~5,500
7	M87A	남자	40	6,300~5,500
8	M87B	-	3	6,300~5,500
9	M79	-	15	5,000
10	M90	남자	30	5,000
11	M91	여자	30	5,000

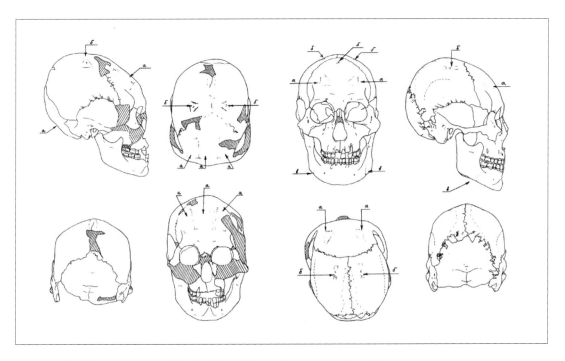

[도 3] 러시아 연해주 보이스만 II 신석기유적 출토 편두 도면(POPOV 2016에서 편집)

[도 4] 콘돈 문화 신석기시대 토우

사람들과 유사하다는 결과도 주목된다(최몽룡·이헌종·강인욱 2003). 이 밖에도 중국 산둥성의 시샤허우(西夏候)나 장쑤성의 다이둔쯔(大墩子)유적에서도 두개골을 일부 변형한 인골이 발견된 바 있다(韓康信·潘其風 1980).

아무르강 하류의 콘돈, 수추섬과 같은 신석기시대 유적에서 출토된 토우의 경우 머리를 납작하고 길게 표현하였는데, 당시 유행한 편두를 과장적으로 표현한 것으로 보기도 한다. 선사시대의 동북아시아 다른 토우와 달리 러시아 극동지역(아무르강)에서 출토된 이러한 토우는 남녀의 성별이 표현되지 않았고, 한정된 기간에만 유행하여 특이한 형태로 보기도 한다(김재윤 2017).

유라시아에서 청동기시대의 편두 자료로는 고누르 테페(Gonur Tepe) 유적이 가장 널리 알려져 있다. B.C. 2,200~1,700년 박트리아 문화의 마을 유적인 고누르 테페에서는 186개체의 인골을 수습하였다. 이 중 성인은 32개체, 유아 및 청소년은 154개체로, 이 중 두개골 변형은 모두 74개체로 알려져 있다. 65개체의 유아 두개골에서는 붕대로 변형한 흔적이 확인되었는데, 생후 5~7개월이나 심지어 1개월 미만의 영아 두개골에도 붕대의 흔적이 확인된다. 고누르 테페에서 확인된 변형 두개골은 후두골이 변형된 형태로 동아시아에서 확인된 변형과는 형태가 다르다.

중앙아시아 지역에서 기원 전후한 시기 편두 인골이 출토된 유적으로 아프가니스탄의 틸리야 테페 고분군이 있다. 기원후 1세기경 중앙아시아의 유목 민족이 축조한 무덤군으로, 모두 7기의 고분이 확인되었다.

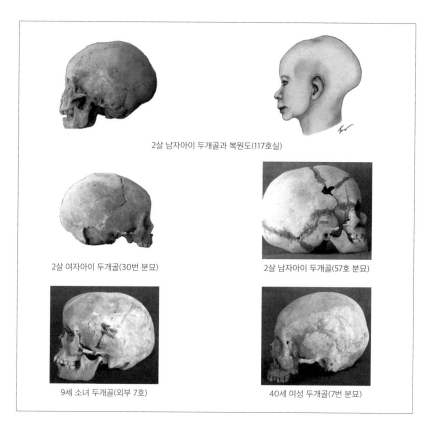

2살 남자아이 두개골과 복원도(117호실)

2살 여자아이 두개골(30번 분묘)

2살 남자아이 두개골(57호 분묘)

9세 소녀 두개골(외부 7호)

40세 여성 두개골(7번 분묘)

[도 5] 고누르 테페 출토 변형 두개골(Дубова 2006에서 편집)

신라 금관과의 유사성 때문에 우리나라에서도 주목받은 유적으로, 30대 남성이 묘주인 4호분을 중심으로 주변에 다른 고분들이 배치되어 있다. 두개골을 편두로 변형한 것은 틸리야 테페 6호분으로 무덤의 주인공이 20세가량의 젊은 여성이다. 변형된 두개골 위에 화려한 금관을 쓴 상태로 출토되었다. 금관 외에도 허리띠와 금제 장신구 일체를 착용하고 있어 그 신분을 짐작케 한다. 이 여성의 머리 변형은 중앙아시아 계통의 편두로 주목되었으며(Shapakova 1995), 예안리 85호분과 같은 형태로 알려져 있다.

이처럼 유라시아에서는 신석기시대부터 다양한 지역에서 편두의 전통이 있었다. 편두로 알고 있는 초기의 두개골 변형이 왜 시작되었는

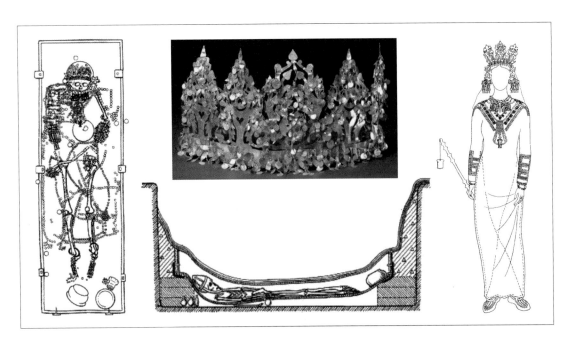

[도 6] 틸리야 테페 6호분 피장자 및 금관(『아프가니스탄』 도록 재편집)

지와 언제부터 했는지는 정확히 알 수 없다. 비록 시간적·공간적 차이가
커 4세기 단계인 우리나라의 편두와 직접적으로 연결시킬 수는 없지만,
유라시아에서 두개골 변형은 매우 오랜 연원을 가지고 있다. 또한 선사시
대의 습속은 단발적으로, 그리고 돌발적으로 매우 오랜 시간을 거쳐 지속
되었다.

III. 4~7세기 유라시아 지역의 편두

유라시아 지역에서 확인되는 편두는 전술하였다시피 선사시대부터
전 시기에 걸쳐서 나오지만, 가장 빈번하게 확인되고 활발하게 연구되고
있는 시기는 4~7세기 민족의 대이동 시기(Migration Period)이다. 민족의

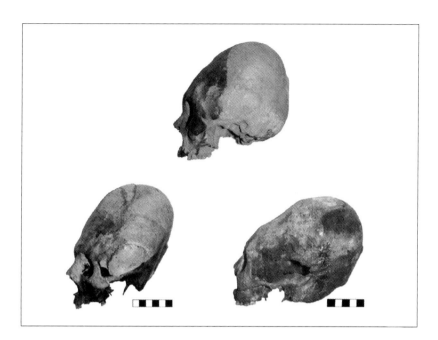

[도 7] 사르마티안의 편두

대이동은 훈족과 게르만족의 이동을 포함하는 세계사적인 사건으로, 초원 지역에서 유럽 지역으로 이동한 것이 널리 알려져 있다. 그러나 이 시기는 유럽뿐 아니라 중앙아시아의 남쪽과 동북아시아 지역 등 각지로 그 영향력이 파급되는 시기이기도 하였다(강인욱 2009).

훈족은 중앙아시아와 코카서스 일대에서 거주했던 투르크계 민족이다. 앨런족과 고트족을 무너뜨리고 러시아 남쪽 대초원을 통해 4세기 중반 유라시아 서부 지역을 침공했다. 서기 373년에 다뉴브강을 건넜으며, 378년 아드리아노폴 전투에서 로마인들을 물리쳤다. 이는 4세기 민족 대이동 기간의 시작을 의미한다(Kim 2015; Heather 2015). 그 후 다뉴브 북부와 유라시아 대초원에서 동유럽과 중부유럽으로 본격적인 이주가 진행되었다.

4세기경 기후 변화와 정치적 상황으로 동유럽으로 이동하기 시작한 훈족은 아틸라왕(406~453)의 시대에는 거대한 제국을 세운다. 이러한 훈

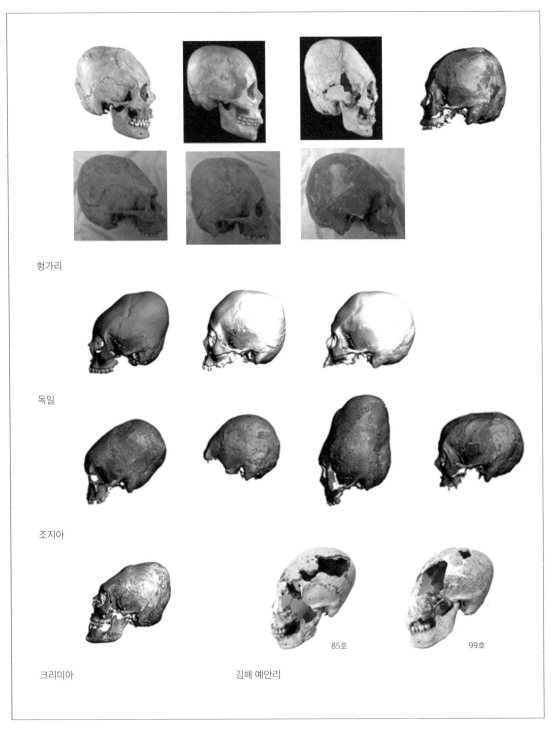

헝가리

독일

조지아

크리미아

김해 예안리

85호

99호

[도 8] 4~7세기 유라시아 지역의 편두(Molnár 2014; Mayall and Pilbrow 2019에서 편집, 김해 예안리 사진 배효원 제공)

족의 습속 중 하나가 바로 편두로, 훈족의 이주와 더불어 동유럽지역 각지에서는 편두 인골이 헝가리, 독일, 프랑스 브루고뉴 등지에서 다수 발견되었다. 유럽에서 편두 풍습이 전파된 것은 훈족의 영향으로 보는 것이 지배적으로, 훈족의 편두는 게르만족에게도 영향을 준 것으로 알려져 있다. 그러나 편두는 훈족과 밀접한 관계에 있었던 사르마티아인들과 알란인들이 먼저 도입하였다(Kim 2015).

유라시아 편두의 분포에서 훈족이 중요한 것은 대이동 이후 훈족 제국의 중심지였던 헝가리 지역에서 가장 많은 편두가 확인되며, 이러한 풍습이 당시 훈족의 변방이었던 독일과 같은 게르만족까지 사방으로 퍼져나가는 것이다. 이러한 양상은 5세기 중반 이후 훈족의 영향력이 감소한 이후에도 지속되어 8세기까지 산발적으로 확인되고 있다.

이 시기 헝가리를 비롯한 동유럽에서는 이마가 납작한 형태로 두개골을 변형하는 양식이 유행하였다. 헝가리와 동유럽지역에서 출토된 57개의 편두 인골을 분석한 연구에 따르면(Mayall and Pilbrow 2019), 두개골 변형이 시행된 유소년 두개골의 분포를 통해 훈족의 중심지인 헝가리 현지에서 변형되었으며, 당시 훈족의 중심지가 아니었던 조지아와 독일에서는 변형 두개골이 성인만 출토되는 것으로 보아 이주민일 가능성이 있다고 하였다.

비슷한 시기 우리나라에서도 편두 인골이 확인되었다. 김해 예안리 유적에서는 210개체의 인골이 출토되었는데, 이 중 편두로 변형한 두개골과 의심 개체가 모두 10개체이다. 두개골이 편두로 변형된 것으로 보고된 10개체는 4세기 대로, 5세기 이후에는 편두가 확인되지 않는다(부산대학교박물관 1993). 장년 남성 2개체, 장년 여성 2개체, 숙년 여성 4개체, 약년 여성 1개체, 소아 1개체로 출토 상황은 [표 2]와 같다.

예안리유적의 4세기 대 유구는 모두 49기로, 편두와 의심 개체의 비율은 20% 정도이다. 동일 시기 예안리유적 다른 유구와 비교해볼 때, 편두 인골이 출토된 분묘의 부장품은 적은 편이다. 확실히 편두로 파악되는

[표 2] 김해 예안리유적 편두 및 두개골 변형 의심 출토 유구

호수	면적(cm)	성별	나이[3]	신장(cm)	출토 유물	비고
85호	175×145	여	숙년	151.5	없음	편두
99호	350×155	여	숙년	150.4	철겸1, 철부1, 노형기대1, 단경호5, 옹-1	편두
100호	650×230	여	숙년	149.3	철촉2, 철주2, 유리곡옥2, 유리옥2, 마노옥1, 철침1, 꺾쇠7, 단경호1, 옹-1	의심
106호	192×128	여	약년	–	철겸1, 옥1, 절자옥2	의심
131호	226×107	여	장년	159.4	단경호1	의심
132호	310×175	여	장년	156.3	노형기대1, 단경호2, 옹1	편두
137호	210×80	남	장년	–	없음	의심
138호	400×215	여	숙년	–	도자, 철산1, 꺾쇠7, 기대1, 옹-1, 호2	의심
141호	293×150	여	유년	–	호류3	편두
150호	421×218	남	장년	163.8	철모1, 철도2, 철겸1, 철단1, 마주1, 마령1, 철착1, 유자이기4, 철부1	편두 의심

4개체의 경우 모두 여성으로, 의심 개체를 포함하면 남녀 성비가 2:8로 여성 비율이 매우 높으며 남성 분묘와 부장품 구성에서도 차이가 난다(김상우 2005).

예안리유적과 더불어 우리나라에서 편두의 가능성이 제기된 것은 대구 화원 성산리유적과 경주 교동리 94-3유적 출토 인골이 있다. 성산리유적의 경우 50대 숙년 여성으로 추정되며, 전두골과 후두골의 변형시켰을 가능성이 제기되었다(김재현 2003). 경주 교동 94-3유적 목곽묘 출토 인골은 30세 후반의 여성으로 키는 154.9cm 정도이다. 두개골은 현대 한국인 보다 길고 좁은 형태의 장두형으로 보고되었다(신라문화유산연구원 2016). 다만 인공적인 변형을 거쳐 편두인지 여부에 대해서는 이견이 있다(Lee et al. 2016; 이재현 2017).

....

3 　유아는 1~5세, 소아는 6~11세, 약년은 12~19세, 장년은 20~30대, 숙년은 40~50대, 노년은 60세 이상을 나타낸다.

IV. 유라시아 편두의 특징과 의미

앞서 언급한 바와 같이 유라시아 지역에서 편두는 신석기시대부터 나타난다. 청동기시대에도 일부 지역에서 산발적으로 등장하지만, 가장 많은 자료가 보고된 것은 4~7세기 대 동유럽 지역이다. 4세기 이전 후기 사르마티아 문화에서도 두개골 변형은 보고되었으나, 훈족의 등장과 함께 특히 헝가리 일대에서 많은 숫자가 보고되었다. 이후 독일이나 프랑스와 같이 게르만족에게도 영향을 미쳤으며, 이 시기는 민족의 대이동 시기와 일치한다.

우리나라에서도 편두는 보고되었지만 의심 개체를 제외한다면 4세기 대 예안리유적 일부 유구에서만 확인된다. 이러한 편두의 등장이 습속의 전승에 따른 자생적인 문화인지, 외부 문화의 전파에 의해서인지 혹은 이러한 습속을 가진 이주민인지에 대해서는 알 수가 없다. 이재현은 신라 교동 인골에 대해 연구하면서 신라에도 편두가 있었음을 밝히고 이러한 등장배경에 대하여 ① 보이스만 Ⅱ유적으로 대표되는 신석기시대부터의 지속 가능성, ② 편두 습속이 진의 유민과 함께 진한으로 전래되어 유행, ③ 경주지역 목관묘에서 다량 출토되는 유리구슬로 보아 중동이나 동남아시아 등지에서 습속이 전파되었을 가능성 등을 제기하였다. 특히 4세기 이후 영남지역에 누금 기법의 금공품이나 로만글라스, 모자이크 유리, 흑해지역에서 제작된 황금 보검의 이입 등을 예로 들어 중앙아시아 지역에서 습속의 전파 관련성도 제기하였다(이재현 2017). 현재로서는 우리나라 편두 인골자료의 부족으로 정확한 연원을 알 수는 없지만, 예안리유적보다 이른 시기에 많은 인골자료가 확인된 가덕도 장항유적이나 사천 늑도에서 편두가 확인되지 않아 과거부터의 전승 가능성은 희박하다고 할 수 있다. 납작한 이마 형태를 가진 변형 모습은 동일 시기의 훈족과 유사하지만, 지리적인 거리를 감안하지 않을 수 없다.

다만 중앙아시아 계통 유물 등으로 대표되는 동시기 영남지역의 신라나 가야가 가진 국제성에 주목한다면 풍습의 전래 가능성도 폭넓게 열어두어야 한다.

유라시아의 두개골 변형은 주로 헝겊이나 단단한 나무 또는 돌 등을 이용하여 주로 신생아일 때 원하는 머리 모양으로 만들어간다. 머리뼈가 부드럽고 빠르게 성장해나가는 유아기 때 지속적인 압력을 가하여 변형시킨다. 사용하는 도구에 따라 납작하거나, 장두형의 머리 모양을 가지게 된다. 헝겊이 이어진 선을 따라 두개골이 파인 흔적 등도 확인되며, 이러한 변형에 따른 뇌 용량 변화는 보고되지 않았다고 한다. 예안리 유적은 사료를 통해 알려진 바와 같이 납작한 돌을 통해 변형하였다고 알려져 있다. 변형의 형태는 육안상 같은 시기 동유럽 지역의 훈족과 유사하지만, 향후 3D 스캐닝과 같은 과학적 조사를 통해 확인해 볼 필요가

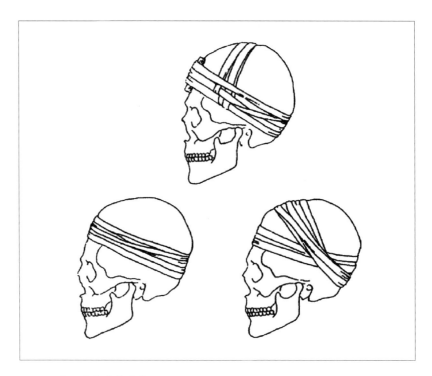

[도 9] 두개골 변형 방법 예시(Mónika Molnár 2014)

있다.

유라시아 4~7세기 대의 두개골 변형은 주로 여성에게서 나타났다. 예안리의 경우 편두 및 의심 개체 중 80%가 여성이다. 비슷한 시기인 민족의 대이동 시기 동유럽지역에서도 여성이 다수를 차지한다. 헝가리에서는 59%, 조지아지역의 70%, 바이에른지역 92%가 여성이며 체코, 크리미아, 오스트리아 지역도 여성으로 확인되었다. 훈족의 중심지인 헝가리를 제외한 조지아와 일부 지역은 두개골 변형을 한 사람들이 이주해 온 것으로 추정되는데 비율로 보아 여성이 주로 많이 이주하였다고 한다 (Mayall and Pilbrow 2019).

두개골 변형을 한 사람의 계층에 대해서는 유라시아와 한국의 양상에서 차이를 보인다. 시기적으로 많은 차이가 나나 신석기시대 호우타오무가유적의 경우 다른 분묘에 비해 많은 곡식류 등이 부장품으로 함께 매장되었다. 또한 아프가니스탄 틸리야 테페 6호분의 경우로 알 수 있듯이 변형된 두개골에 금관이 씌여진 채로 출토되어 그 신분을 짐작케 한다. 이는 훈족의 경우에도 마찬가지로 많은 부장품이 함께 매장된 경우가 많다. 즉 당시 사회에서 우월한 지위를 가지고 있었다고 추정해 볼 수 있다. 그러나 예안리의 경우 공반 유물이나 목곽묘의 크기 등에서 동시대의 계층에서 우월한 지위를 보이지 못하고 있다. 심지어 85호분의 경우 부장품이 전혀 없어 동시기 예안리유적의 다른 분묘군이나, 같은 지역의 수장급 무덤인 대성동고분군과 비교할 때 많은 차이를 보이고 있다. 이것이 당시 기층민의 무덤군인 예안리유적의 성격과 관계된 것인지, 편두 인골이 가진 특이성 때문에 당시 특별한 계층에 속해 있었는지 여부는 알 수 없다. 『삼국지』에서 편두를 진한의 풍습으로 표기하였는데, 예안리유적은 변한 지역으로 분류되고 있기 때문에, 변한 속의 진한 사람들이기 때문에 특별한 위치에 있었다는 가능성도 제기되었다(김상우 2005; 이영식 2009).

편두를 하였던 목적 중 알려진 것은 틸리야 테페 유적과 같이 좁은 황금 관을 쓰기 위해 편두를 하였던지, 훈족의 경우처럼 우월한 지위에 있던 여성들이 계층을 구별하기 위해 실시하였다는 것이다. 편두가 헝가리에서 주변부로 퍼져나간 것과 관련하여, 훈족의 중앙집권과 관련하여 실시되었을 가능성도 제기되었다. 이에 반해 가야 사람들이 편두를 했던 이유는 성형을 위한 미용적인 목적이나 다른 계통의 사람과의 구분, 주술적인 기능 등 다양하게 추정되고 있다. 예안리유적의 경우 편두가 여성층 위주로 4세기라는 한정적 기간에만 유행하였으며, 유물의 부장 양상이 다른 지역의 편두 인골과 많은 차이로 인해 동일한 성격으로 추정할 수는 없다. 아직 한반도에서 출토된 해당 시기의 편두 수량이 너무 적으며, 신라 등 다른 지역에서 출토된 편두에 대해서는 이견이 있기에 향후 연구의 증가를 기대해본다.

V. 결론

지금까지 유라시아 지역의 다양한 두개골 변형의 분포와 특징에 관하여 살펴보았다. 두개골 변형은 선사시대부터 매우 오랜 전통을 가지고 있으나, 지역적 범위와 등장의 돌발성 등이 매우 커 아직 전파나 전승에 관해 많이 연구되지 않았다. 4~7세기 민족의 대이동 기간 헝가리와 동유럽 일대에서는 두개골을 변형한 풍습이 널리 유행하였다. 우리나라 예안리유적 편두와 같이 여성 위주로 유행하였으며 헝겊이나 돌 등을 이용하여 변형하였다. 편두를 하였던 목적은 지역에 따라 편두를 시행한 세부 목적은 달랐으나 집단 간 혹은 집단 안에서 구별을 위해 실시하였음은 명백하다.

우리나라의 사례가 예안리유적 편두 이외에 없는 상황에서 광범위한 시공간적 범위의 국외 자료를 중심으로 편두를 분석하고자 하였다. 세계적으로 두개골 변형은 아주 중요한 인간의 풍습으로 인식되어 많은 연구가 진행되고 있다. 우리나라에서도 추후 발굴조사를 통하여 신자료가 확보되어 더 많은 연구가 이루어지길 기대해본다.

• 유라시아 지역 편두와 관련한 논문과 사진 자료를 제공해 주신 경희대학교 강인욱 선생님께 감사의 뜻을 전한다.

참고문헌

陳壽, 『三國志』.
헤로도토스, 『역사』

강인욱, 2009, 『춤추는 발해인』.
경주시·신라문화유산연구원, 2016, 『경주 교동 94-3일원 유적-천원마을진입로 확·포장 공사부지 발굴조사 보고서』.
국립중앙박물관, 2016, 『아프가니스탄의 황금문화』, 특별전 도록.
국립김해박물관, 2015, 『뼈? 뼈!』, 국립김해박물관 특별전 도록.
권주현, 2014, 「가야인의 의례와 습속」, 『가야인의 삶과 문화』.
김상우, 2005, 「가야인의 身體變形習俗에 관한 硏究」, 인제대학교 교육학 석사학위 논문.
김재윤, 2017, 『접경의 아이덴티티 동해와 신석기문화』, 서경문화사.
김해시, 1998, 『김해의 고분문화』.
김재현, 2003, 「구 화원 성산리고분 출토인골에 한 분석」, 『구 화원 성산리 1호분』, 경북대학교박물관.
민병훈, 2016, 「출토유물로 본 아프가니스탄과 고 한국문화」, 『특별전 도록: 아프가니스탄의 황금문화』, 국립중앙박물관.
배기동, 2014, 「한국 옛 사람뼈 자료에 대한 생물고고학적 연구」, 『대한체질학회지』 27.
부산대학교박물관, 1993, 『김해 예안리유적 II』.
이영식, 2009, 「가야의 성형수술」, 『이야기로 떠나는 가야역사여행』.
이재현, 2017, 「신라의 편두습속과 그 의미」, 『신라문화유산 연구』 창간호.
최몽룡·이헌종·강인욱, 2003, 『시베리아의 선사고고학』, 학연출판사.

Khudaverdyan, Anahit, 2011, Trepanation and artificial cranial deformations in ancient Armenia, *Anthropological Review* Vol.74, No 1. pp. 39-55.

Schmölzer, Astrid, 2018, The Long-Heads: Strangers of the East? Artificial Cranial Deformation in Austria.

Dingwall E. J., John E., 1931, Later artificial cranial deformation in Europe, *Artificial Cranial Deformation: A Contribution to the Study of Ethnic Mutilations*, (Bale, Sons & Danielsson, London), pp. 46-80.

Kim, Hyun Jin, 2015, *The Huns*, Cambridge: Cambridge University Press.

Jung, Hyun woo and Eun Jin Woo, 2017, Artificial deformation versus normal variation: re-examination of artificially deformed crania in ancient Korean populations, *Anthropological Science* Vol.125, 3-7.

Molnár, Mónika, 2014, Artificially deformed crania from the Hun-Germanic Period (5th-6th century ad) in northeastern Hungary: historical and morphological analysis, *Neurosurg Focus* 36 (4).

Mayall, P. and V. Pilbrow, 2019, A review of the practice of intentional cranial modification in Eurasia during the Migration Period (4th-7th c AD), *Journal of Archaeological Science* Vol.105, pp. 19-30.

Bereczki, Z. and Marcsik A., 2006, Artificial cranial deformation in Hungary, In: Mednikova M, editor. *Artificial deformation of human head in Eurasian past.* Moscow: Russian Academy of Sciences, pp. 96-114.

Heather, P., 2015. The Huns and barbarian Europe, In: Mass, M. (Ed.), *The Cambridge Companion to the Age of Attila.* Cambridge: Cambridge University Press.

Zhang, Qun, 2019, Intentional cranial modification from the Houtaomuga Site in Jilin, China: Earliest evidence and longest in situ practice during the Neolithic Age.

Trinkaus, E., 1982. Artificial cranial deformation in the Shanidar 1 and 5 Neandertals, *Current Anthropology* Vol.23 (2).

Lee, Won-Joon, EunJin Woo, ChangSeok Oh, JeongA Yoo, Yi-Suk Kim, JongHa Hong, AYoung Yoon, Caroline M.Wilkinson, JinOg Ju, SoonJo Choi, SoongDoek Lee and DongHoon Shin, 2016, Bio-anthropological Studies on Human Skeletons from the 6th Century Tomb of Ancient Silla Kingdom in South Korea, PLOS ONE.

Жиров, Е.В., 1940. Об искусственной деформации головы // КСИИМК. Вып. VIII. М. С.81-88.

Дубова, Н.А., 2006, ИСКУССТВЕННАЯ ДЕФОРМАЦИЯ ГОЛОВЫ У ЗЕМЛЕД ЕЛЬЦЕВ ЭПОХИ БРОНЗЫ OPUS

Дубова, Н.А., 2011, АРХЕОЛОГИЧЕСКИЕ РАБОТЫ НА ГОНУРДЕПЕ – НОВ ЫЙ АСПЕКТ ПАЛЕОАНТРОПОЛОГИИ ТУРКМЕНИСТАНА.

Ходжайов, Т.К., 2006, ГЕОГРАФИЯ И ХРОНОЛОГИЯ ПРЕДНАМЕРЕННОЙ Д ЕФОРМАЦИИ ГОЛОВЫ В СРЕДНЕЙ АЗИИ, OPUS: МЕЖДИСЦИПЛИН АРНЫЕ ИССЛЕДОВАНИЯ В АРХЕОЛОГИИ.

Добровольская, М.В., 2006, ИСКУССТВЕННАЯ ДЕФОРМАЦИЯ ГОЛОВЫ У Н ОСИТЕЛЕЙ ТРАДИЦИЙ СРЕДНЕДОНСКОЙ КАТАКОМБНОЙ АРХЕО ЛОГИЧЕСКОЙ КУЛЬТУРЫ (ПО МАТЕРИАЛАМ ПЕРВОГО ВЛАСОВСК ОГО МОГИЛЬНИКА), OPUS: МЕЖДИСЦИПЛИНАРНЫЕ ИССЛЕДОВА НИЯ В АРХЕОЛОГИИ.

Хохлов, А.А., 2006, ЧЕРЕПА С ИСКУССТВЕННОЙ ДЕФОРМАЦИЕЙ ЭПОХИ БРОНЗЫ ВОЛГО-УРАЛЬСКОГО РЕГИОНА, OPUS: МЕЖДИСЦИПЛИНА РНЫЕ ИССЛЕДОВАНИЯ В АРХЕОЛОГИИ.

Батиева, Е.Ф., 2006, ИСКУССТВЕННО ДЕФОРМИРОВАННЫЕ ЧЕРЕПА В ПО ГРЕБЕНИЯХ НИЖНЕДОНСКИХ МОГИЛЬНИКОВ (ПЕРВЫЕ ВЕКА НА

ШЕЙ ЭРЫ), OPUS: МЕЖДИСЦИПЛИНАРНЫЕ ИССЛЕДОВАНИЯ В АР
ХЕОЛОГИИ.

Громов, А.В., 2006, ЧЕРЕПА ИЗ ОСИНКИНСКОГО МОГИЛЬНИКА: СЛЕДЫ
ИСКУССТВЕННОГО ВОЗДЕЙСТВИЯ, OPUS: МЕЖДИСЦИПЛИНАРНЫ
Е ИССЛЕДОВАНИЯ В АРХЕОЛОГИИ.

Казанский, М.М., 2006, ОБ ИСКУССТВЕННОЙ ДЕФОРМАЦИИ ЧЕРЕПА У Б
УРГУНДОВ В ЭПОХУ ВЕЛИКОГО ПЕРЕСЕЛЕНИЯ НАРОДОВ, OPUS.

Балабанова, М.А., 2006, РЕНТГЕНОЛОГИЧЕСКОЕ ИССЛЕДОВАНИЕ ПОЗДН
ЕСАРМАТСКИХ ЧЕРЕПОВ, OPUS.

Перерва, Е.В., 2006, К ВОПРОСУ О НЕКОТОРЫХ ПАТОЛОГИЧЕСКИХ ОСОБ
ЕННОСТЯХ ПОЗДНИХ САРМАТОВ С ИСКУССТВЕННОЙ ДЕФОРМАЦ
ИЕЙ ЧЕРЕПА. OPUS.

Шведчикова, Т.Ю., 2006, РАННИЕ ОПЫТЫ КЛАССИФИКАЦИИ ИСКУССТВ
ЕННОЙ ДЕФОРМАЦИИ ЧЕРЕПА ЧЕЛОВЕКА, OPUS.

Медникова, М.Б., 2006, ФЕНОМЕН КУЛЬТУРНОЙ ДЕФОРМАЦИИ ГОЛОВЫ:
ЕВРАЗИЙСКИЙ КОНТЕКСТ, OPUS.

韓康信·潘其風, 1980, 「大墩子和王因新石器時代人類顎骨的異常變形」, 『考古』 1980-2期.

「유라시아 편두의 분포와 의미」에 대한 토론문

이재현 신라문화유산연구원

인간의 두개골 형태를 인위적으로 변형시키는 행위는 전 세계적으로 분포하며, 신석기시대부터 근대사회에 이르기까지 장기간에 걸쳐 이루어졌다. 그럼에도 불구하고 그것은 특정한 시기의 특정 종족집단을 제외하면 보편적이지 않은 특이한 문화적 행위로 인식되었다. 따라서 이러한 특이한 풍습을 역사가나 여행가들이 관심을 가지고 그 내용을 기록하기도 했는데, 그 내용이 히포크라테스의 On Airs, Waters, Places, 진수의 『삼국지(三國志)』, 현장의 『대당서역기』 등에 전하고 있다. 또 현대에 이르러서도 각지에서 변형두개 인골이 발견됨에 따라 의학계나 인류학계에서 연구를 진행하였고, 방송이나 언론에서도 외계인과 관련하여 일반인의 관심을 유도하기도 한다. 역사나 고고학계에서도 자료 소개와 더불어 부분적인 연구와 의견의 제시는 이루어진 바는 있지만, 그 성격이나 의의에 대해 뚜렷한 성과가 있는 것은 아니다. 그도 그럴 것이 변형두개는 보편적인 문화 현상이 아닌 매우 특이한 사례이고, 신분 과시나 미용, 의료, 종교적 행위 등의 특정한 이유로 설명할 만한 정형화된 패턴이나 근거가 없기 때문이다. 따라서 섣부른 결론을 도출하기보다는 다양한 자료를 비교분석하여 보편적인 문화 속에서 편두(변형두개)라고 하는 특수한 문화행위가 어떤 의미를 지니는지를 검토할 필요가 있다.

그러한 점에서 고영민 선생의 이번 발표는 편두의 정의와 함께 우리나라와 유라시아지역의 연구 현황, 유라시아지역의 편두자료 소개, 특징과 의미 등을 포괄적으로 소개해 주었다. 비교자료가 그다지 없는 상황에서 유라시아지역의 다양한 신자료를 소개하고, 예안리유적의 편두와 비교를 시도하여 인식의 지평을 넓힌 것은 큰 의미가 있다고 생각한다. 자료가 적고 뚜렷한 결론을 구하기 힘든 상황이라 토론자의 의견을 제시하기 어렵지만 토론자로서의 역할을 수행하기 위해 몇 가지에 대해 질문을 통해 역할을 갈음하고자 한다.

1. 먼저 이재현(2017)의 논문을 인용한 것에 오류가 있어 바로잡고자 한다. 이재현은 신라 편두의 유래 가능성을 나름대로 3가지의 경우를 상정했지만, 모두 다 가능성을 높게 평가하기는 어렵다고 했다. 중동이나 동남아지역에도 편두습속이 있기 때문에 유리구슬과 함께 전래되었을 가능성도 상정할 수 있지만, 유리구슬이 분포하는 마한이나 일본에 편두습속이 없기 때문에 그 가능성이 크지 않다고 했다(이재현 2017, 43). 그리고 편두의 중심지가 중앙아시아 지역이고, 진한과 유사한 방식의 편두가 7세기에 행해지고 있다고 『대당서역기』에 기록되어 있기 때문에 3세기 이전 주민의 이주에 의해 중앙아시아의 편두습속이 전래되었을 가능성이 있고, 그렇다고 한다면, 이때에 이미 중앙아시아에 대한 지리정보가 신라에 어느 정도 알려져서 4세기 이후 신라문화의 국제성 형성에 영향을 미쳤을 수 있다고 본 것이다.

2. 서론에서 우리와 연관성이 있는 유라시아 지역에 한정해서 편두의 전개 양상과 특징을 검토한다고 하였다. 그 연관성은 구체적으로 무엇인지 궁금하다. 한반도의 지리적 위치가 유라시아에 속하는 것을 말하는지, 편두 자체가 연관성이 있다는 의미인지 궁금하다. 후자의 경우라면 보완설명이 필요할 것 같다.

3. 결론에서 편두를 시행한 목적은 '집단 간 또는 집단 안에서 구별'을 위해 실시하였음은 명백하다고 하였다. 예안리유적의 대상 자료는 동시기 구성원 전체가 같은 편두가 아닌 점에서 집단 간의 구분에는 해당사

항이 없는 것 같다. 집단 내에서는 어떤 구분을 말하는지, 명백하다고 한 근거는 무엇인지 구체적인 설명이 필요할 것 같다.

4. 유라시아의 두개변형은 크게 두 가지 형태로 구분할 수 있다. 첫째는 히포크라테스가 기록한 방법대로 붕대를 이용해 두개를 묶어 장두형(長頭形)으로 변형시키는 방법이다. 주로 중앙아시아, 서아시아, 유럽 등지에서 볼 수 있는 형태이다. 두 번째는 진수가 『삼국지』에서 기록한 진한의 경우처럼 전두를 눌러 납작하게 하는 형태이다. 현장이 기록한 7세기의 굴지국(屈支國)도 여기에 해당하는데, 엄밀하게 말하면 후자만 편두라고 표현할 수 있다. 그 외에도 판자를 대고 끈으로 묶어 전두와 후두를 납작하게 하거나 측두부를 압박하여 전두와 후두를 팽창하게 한 것 등도 있어 변형의 형태가 다양하다. 두개변형은 지역이나 시기에 따라 차이가 있기 때문에 구체적인 변형의 형태를 명확히 구분할 필요가 있다고 생각한다. 혹시 예안리유적과 같은 전두(前頭)를 변형시킨 사례가 있다면, 상세한 소개를 부탁한다.

6

예안리유적 출토 편두의
특징과 성격

이하얀 부경대학교

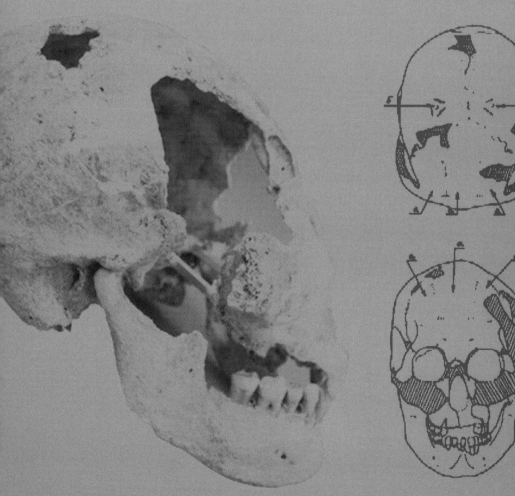

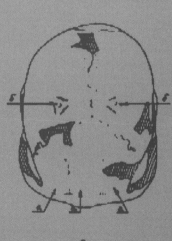

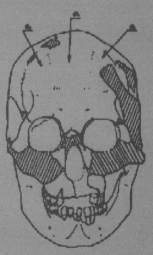

I. 시작하며

　　김해 예안리고분군은 삼국시대를 대표하는 유적으로, 특히 가야문화 전반을 보여주는 중요한 유적으로서 학계에 인정받고 있다. 예안리고분군이 가지는 다양한 의미 중에서도 고인골의 집단적 출토를 들 수 있을 것이다. 기본적으로 한반도의 토양 성질상, 유기물질이 오랜 기간 잔존하기 어려운 생태 속에서도 드물게 상당히 많은 개체의 인골이 유적에서 출토되어 많은 주목을 받았다. 이에 한반도 고대인에 대한 다양한 연구와 조명이 이루어졌으며 이를 바탕으로 하여 동시대의 주변 국가와의 차이점을 비교 분석할 수 있게 되었다.

　　예안리고분군은 4세기에서 7세기에 걸쳐 조성된 무덤유적으로 삼국시대 전체를 관통하는 변화 양상을 확인할 수 있다. 더욱이 금관가야의 중심지인 김해지역에 형성되어 대성동고분군과 더불어 금관가야의 다양한 문화를 살펴볼 수 있는 기반을 마련하였다. 다만, 대성동고분군과 다르게 예안리고분군은 최상위층의 화려한 부장품이 가득한 무덤은 아니었으나, 여러 계층이 장기간 활용한 묘역으로 추정되고 있다. 그리고 다량으로 출토된 인골을 통하여 삼국시대 사람들의 특징을 파악할 수 있었다. 이는 전후시대를 포함하여 한반도 고인골의 기준점이 되는 중요한 자료로서 역할을 하고 있다.

　　예안리고분군에서 출토된 인골을 이용하여 다양한 연구가 진행되었는데, 대표적으로는 예안리 인골의 형질적인 특징에 주목하여 한반도에서 출토된 인골 혹은 다른 국가에서 출토된 인골들과 비교 분석(小片 1998; 고기석 외 1999; 이경수 2001; 방민규 2004; 김재현 2013 등)을 시도한 연구를 들 수 있다. 또한 친족관계를 규명하고자 한 연구(田中 2002)와 안정동위원소를 이용하여 식생활 및 생업의 모습을 복원(Choy et al. 2009; 이준정 2011; 최경철 2018)한 연구도 확인된다.

이렇게 인골에 대한 다양한 관점과 분석법이 적용된 연구가 현재까지도 이어지고 있는데, 특히 예안리 인골 안에서도 주목할 자료로서 편두 인골을 빼놓을 수 없다.『三國志』魏書卷30「東夷傳」韓條에 기록된 편두 기사를 뒷받침하는 자료로, 문헌기록을 실증한 사례로 이해되고 있는 중요한 유물이다. 이것과 관련하여 예안리유적의 인골 보고에 참여하였던 小片 등(1988)의 연구가 가장 대표적인데, 한반도에서 편두의 형태학적 역사학적 의미를 제시하였다. 이후 Mine(1999)와 Jung et al.(2016)에 의해서 예안리 편두의 형태학적 재검토가 이루어졌으며, 정상 두개골과 편두 두개골 사이에 유의미한 차이가 있음이 확인되었다.

따라서 본고에서는 선행된 연구 성과들을 바탕으로 하여, 예안리고분군의 편두 개체들에 대한 세밀한 검토와 삼국시대 편두 풍습이 가지는 의미에 대하여 고찰하고자 한다.

II. 예안리 편두의 분석

1. 편두

편두(編頭)는 인공적으로 변형시킨 두개골을 의미한다. 일반적으로 두개변형(頭蓋變形, 인공(人工)두개변형, 두개의 인공변형 등의 표현으로 사용되며, 영어로는 modified skull, deformed crania, artificail cranial deformation 등의 용어가 사용되고 있다. 용어를 통해서 알 수 있듯이 정상의 두개골에 인위적인 압박을 가하여 변화된 형태를 만들어 내는 것으로, 세계 각지에서 확인되는 풍습이다. 한국에서는 앞서 언급한『三國志』기사로 인하여 편두라고 하는 용어가 보편적으로 알려져 있지만, 기본적으로 두개골에 행해진 인공적인 변형술을 의미한다.

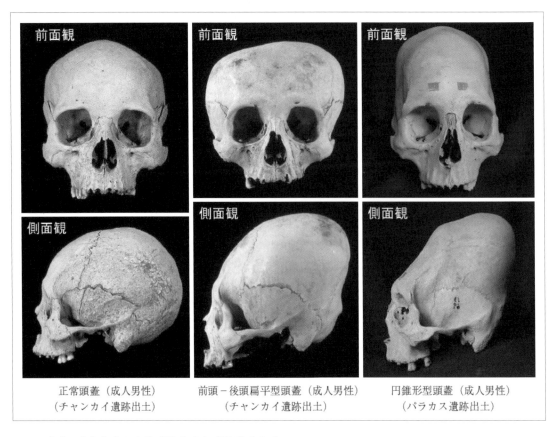

<table>
<tr><td>前面観</td><td>前面観</td><td>前面観</td></tr>
<tr><td>側面観</td><td>側面観</td><td>側面観</td></tr>
<tr><td>正常頭蓋（成人男性）
（チャンカイ遺跡出土）</td><td>前頭－後頭扁平型頭蓋（成人男性）
（チャンカイ遺跡出土）</td><td>円錐形型頭蓋（成人男性）
（パラカス遺跡出土）</td></tr>
</table>

[그림 1] 안데스지역의 인공 두개 변형에 대한 변형 형태의 비교(加藤 2009)

두개 변형은 생활 습관이나 질병 등의 이유로 우연하게 발생되기도 하며, 풍습과 같이 의도를 가지고 인위적으로 만들어내기도 한다. 두개골에 대한 인공 변형은 다양한 방식이 존재하는데, 그 중에서도 안데스 지역에서 확인되는 2가지 방식이 가장 유명하다. [그림 1]에서 중간과 우측 두개골을 각각 전두-후두편평형(前頭-後頭扁平型)과 원추형(圓錐型)으로 분류하고 있다. 전자의 전두-후두편평형은 두개골의 전두나 후두 혹은 양쪽에 판과 같은 도구를 이용하여 압박하는 방식이다. 이 방식으로 만들어진 두개골은 전두부와 후두부는 편평하며 측두부가 밖으로 돌출되어 두드러지는 특징이 보인다. 반면, 후자는 머리 전체적으로 끈이나 천을 이용하여 강하게 결박해 위쪽이나 뒤쪽으로 두드러지게 만드는 방식이며, 위쪽으로 길게 늘어난 형태를 확인할 수 있다. 이 두 종류의 변형은 측면에서 볼 때, 큰 차이가 보이지 않지만 정면에서 볼 경우, 확실한 차이를 확인할 수 있다. [그림 1]의 전면관에서 보는 것처럼 두정결절부의 돌출 정도가 다르다(加藤 2009).

이처럼 두개골을 변형시키기 위해서는 두개골이 연약한 유아기부터 여러 가지 도구를 이용하여 고정하여 압박할 필요가 있다. 어느 민족 사례에 따르면 출생 직후부터 변형 작업을 시작하여 1주일에서 3개월 정도, 10~20회 반복하는 것으로 효과를 얻었다고 한다. 지속되는 기간이 길수록 성인이 되어서 강하게 변형된 형태가 완성되며 형태도 일정하게 형성되는 것으로 알려져 있다(坂田 1996).

하지만 유아기부터 강력한 두개변형을 시도할 경우, 건강상의 문제가 발생할 수도 있는데 압박되는 부위 주변에 혈액순환 장애나 뇌압 상승과 같은 상황이 발생할 수 있다. 더욱이 심각할 경우 사망에 이르게 될 위험도 존재한다. 그럼에도 불구하고 많은 지역에서 두개변형의 풍습을 시행한 이유는 심미적이거나 패션과 같은 외형적인 부분, 주술 혹은 종교의

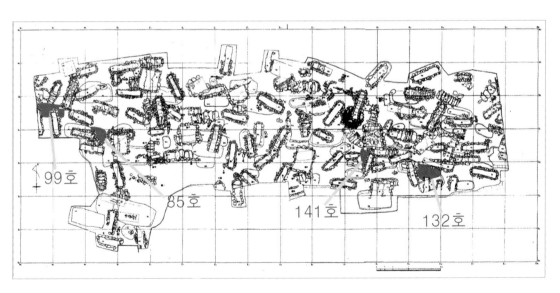

[그림 2] 예안리고분군 유구배치도-편두인골 출토 무덤 표시(부산대박물관 1993 일부 수정)

례, 집단의 상징, 사회적 신분의 표시처럼 다양한 의미를 들 수 있다. 특히 앞서 소개한 안데스지역은 신분의 차이를 나타내는 하나의 표식으로 활용되기도 하였다(加藤 2009).

2. 예안리 편두 사례

1) 85호분 인골(그림 3)

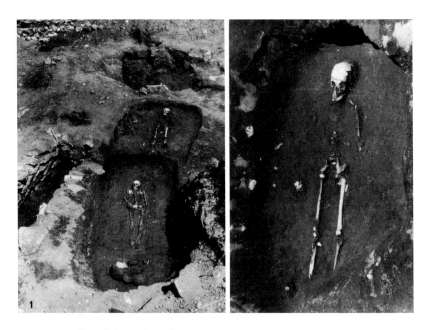

[그림 3] 85호 출토 전경(부산대박물관1993)

유적의 서쪽 경계 부근에 조성된 목곽묘로 86호분과 87호분에 의해 무덤 일부가 파괴되었다. 무덤의 장축은 동서방향이며 잔존 규모는 길이 175cm, 너비 145cm이다. 무덤 연대는 4세기 전엽으로 추정된다. 인골은 동단벽에 가깝게 밀착된 상태로 매장되었는데 잔존상태는 좋지 않다. 두개골과 좌측 상완골과 좌우 하지골, 척추골 일부가 잔존하고 있으며, 전신 신전의 자세로 매장된 것으로 보인다. 두향은 동쪽을 향하고 있다. 숙년 여성으로 추정되었으며, 부장품은 출토되지 않았다.

2) 99호분 인골(그림 4)

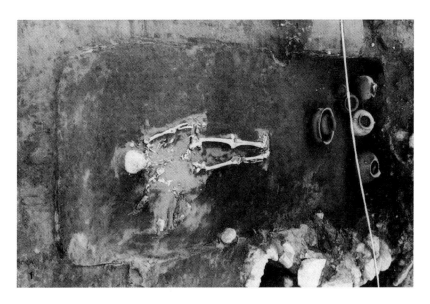

[그림 4] 99호 출토 전경(부산대박물관 1993)

유적의 서쪽 경계에 조성된 목곽묘로 길이 약 350cm, 너비 155cm로 확인된다. 무덤의 장축은 동서방향이다. 85호분과 마찬가지로 4세기 전엽으로 비정되었다. 인골은 흉부에서 다소 결실된 부위가 존재하지만, 비교적 전신골이 확인된다. 전반적으로 잔존상태가 좋은 편은 아니다. 숙년 여성으로 전신을 바르게 편 신전의 자세이며 두향은 동쪽을 향하고 있다. 동단벽에 가깝게 머리가 위치하고 있으며 왼쪽 팔 옆쪽에 철부와 철겸이 놓여 있다. 서단벽 앞에 토기가 부장되어있다.

3) 141호분 인골(그림 5)

유적 내 중앙에서 약간 동쪽으로 치우친 남쪽 지점에 위치하고 있다.

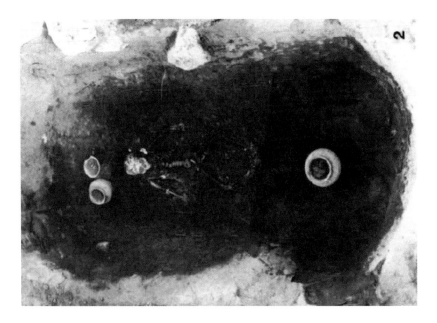

[그림 5] 141호 출토 전경(부산대박물관1993)

길이 293cm, 너비 150cm의 목곽묘로 다른 무덤들과 다르게 무덤의 장축이 남북방향이다. 인골은 무덤의 비교적 중앙부에 매장되었는데 두향은 북쪽을 향하고 있다. 머리쪽과 발 아래쪽에 토기가 부장되어 있다. 무덤의 연대는 4세기 중엽으로 추정된다. 인골은 비교적 전신이 잘 남겨져 있지만 5세 전후의 유아개체로 판별된 점에서 잔존 골격은 약한 상태이다. 매장 자세는 성인개체들이 전신을 편 신전자세로 확인된 것에 반하여, 141호 인골의 경우 좌우 팔을 넓게 벌리고 있으며 두 다리를 벌려서 꺾은 상태로 확인되었다.

4) 132호분 인골(그림 6)

유적의 동쪽에 위치하고 있는데 선축된 133호의 일부를 파괴하고 조성되었다. 규모는 길이 226cm, 너비 107cm이며 동서방향의 장축을 가진 목곽묘로 확인되었다. 인골은 동단벽에 가깝게 매장되어 있었는데 발 아래쪽에 토기가 부장된 상태이다. 인골의 잔존상태는 좋은 편으로 비교

[그림 6] 132호 출토 전경(부산대박물관1993)

적 전신골이 확인되었다. 전신은 바르게 편 상태이지만 두 팔을 넓게 벌린 자세로 매장되었다. 두향은 동쪽을 향하고 있다. 성년의 여성으로 추정된다.

3. 예안리 편두 개체의 특징

일반적으로, 예안리고분군에서 편두로 언급되는 개체는 85호와 99호 출토 인골이다. 그런데 예안리고분군 보고서에서는 위의 2개체를 편두가 확실한 개체로 분류하였고, 그 외 8개체(100호, 106호, 131호, 132호, 137호, 138호, 141호, 150호)를 의심 개체로 보고하였다. 이후 편두 관련 연구에서는 85호와 99호만을 편두 개체로 분석에 이용하거나, 보고서에서 언급한 포괄적인 편두 개체를 모두 적용하여 10개체를 이용하기도 하였다. 85호와 99호만 편두 개체로 분석에 활용한 것은 예안리고분군 내에서 가장 확실하게 편두의 양상을 나타내는 개체이기 때문이었던 것으로

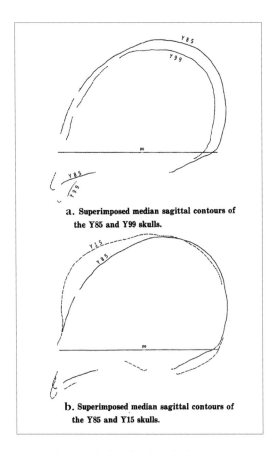

a. Superimposed median sagittal contours of
the Y85 and Y99 skulls.

b. Superimposed median sagittal contours of
the Y85 and Y15 skulls.

[그림 7] 편두인골과 정상인골의 측면 비교(小片 외 1988)

생각되며, 나머지 개체들은 보고자들도 확정하지 못한 만큼 애매한 요소들이 포함되었기 때문으로 보인다.

그러나 본고에서는 가장 전형적인 편두 형태를 가진 85호와 99호를 포함하여 추가적으로 141호와 132호를 함께 살펴보았다. 두 개체를 포함한 이유는 후속하여 설명하도록 하겠다.

먼저 편두의 대표적인 형태를 나타내는 85호와 99호에 대해서 살펴보면, [표 2][1]에 제시한 것처럼 두개최대장(頭蓋最大長)과 Ba-Br고(高)가 예안리 여성 평균값보다 현저하게 작은 것을 알 수 있다. 반면에 두개최대폭(頭蓋最大幅)은 예안리 여성 평균값보다 상회하는 값이 확인되었다. 이를 바탕으로 한 두개시수(頭蓋示數)는 두개장폭시수에서 85호와 99호 모두 과단두(過短頭)형에 속하며, 85호는 두개장고시수와 두개폭고시수가 각각 중두(中頭)형과 평두(平頭)형에 속하는 것으로 확인된다. 이처럼 편두인골에서 공통적으로 확인되는 요소는 과단두성이라고 볼 수 있다. 이것은 전두부(前頭部)를 누르는 압력에 대응하여 측면방향으로 두개골이 돌출된 영향이 반영된 결과로 생각되며, 세계적으로도 전두 및 후두 압박으로 인해 발생한 두개변형골에서 흔하게 확인되는 요소이다. 넓어진 두개폭에 비하여 눌려져 앞으로 기울어진 전

....

1   두개계측은 小片 등(1988)이 제시한 항목을 중심으로 직접 계측하여 정리하였으며, 85호와 99호에 대해서는 일부 항목에서 수치 차이가 확인되었다. 이 부분은 기본적으로 필자의 계측값을 따라 정리하였다. 그리고 141호의 경우, 골격이 완성되지 않은 미성인 개체이기 때문에 해당 수치가 절대적인 값이 아닌, 두개시수에서 참고용으로 제시하였다. 예안리유적 전체 평균값과 현대한국인의 평균값은 小片 등의 연구를 참고하였다.

두부로 인하여 길이가 짧아지게 되면서 두 항목을 바탕으로 산출하는 장폭시수에서 과단두형으로 나타나게 된 것이다. 그리고 계측값을 통한 분류뿐만 아니라, 시각적으로도 확인할 수 있는데, [그림 7]에 나타낸 것처럼 측면 윤곽도를 통해서 비교하면 정상 개체와의 구분이 명확해진다. a는 85호와 99호의 윤곽을 중첩시켜 비교한 것이고, b는 예안리고분군 인골 중 정상 개체인 15호와 85호를 중첩하여 비교한 것이다. 그림을 보면 85호와 99호는 상당히 유사한 형태를 띠고 있음을 알 수 있으며, 정상 개체와 비교할 경우 상대적으로 전두부가 편평하게 경사지어 떨어지는 것을 알 수 있다. 다만 후두부에서의 편평함은 정상 개체와 비교할 경우 두드러지게 차이가 확인되지 않는다. 이러한 요소들이 예안리고분군 편두 개체의 특징적인 부분으로 분류할 수 있을 듯하다.

그렇다면, 보고서상에서 의심 개체와 편두 개체로 분류되었던 141호와 132호에 대해서 살펴보고자 한다. 우선 시각적으로 141호는 85호, 99호와 상당히 유사한 형태를 띠고 있었기 때문에 다른 의심 개체 중에서도 중요하게 검토를 행하였다. 141호의 경우 5세 전후의 유아로 추정되었기 때문에 계측값 자체가 직접적으로 비교하기는 적합하지 않았다. 다만 시수를 통한 대략적인 비교는 가능할 것으로 생각하여 참고를 위한 값을 제시해 보았다. [표 2]를 보면 85호와 99호에서 평균값보다 크게 확인된 항목인 두개최대폭이 141호에서도 예안리 평균값보다 큰 것으로 확인되었다. 시수를 살펴보면 장폭시수는 85호, 99호와 마찬가지로 과단두이고, 장고시수에서는 저두(低頭), 폭고시수는 85호와 동일하게 평두로 확인되었다. 장고시수를 제외하고 85호와 유사한 형태로 분류할 수 있으며, [그림 8]에서 보는 바와 같이 전두부의 편평함과 전반적인 외형이 편두 두 개체와 비슷하다. 이러한 요소들을 고려하면 141호 역시 편두 개체로 분류할 수 있다고 판단된다. 다만 후두부의 곡면은 앞선 두 개체보다 더 살아 있는 것으로 보이기 때문에, 이러한 차이가 편두를 시행한 기간이나 방식의 차이를 반영하는 것인지 고민해 봐야 할 것이다.

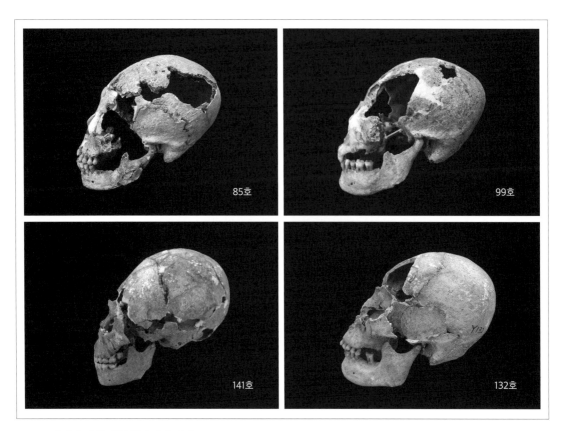

[그림 8] 예안리 편두 인골 두개골 측면관

　　마지막으로 132호는 보고서에서 편두의심 개체로 분류된 개체이
다. 이는 132호가 전두부와 안면부의 결손으로 인하여 명확한 형태 확인
이 어려운 점에 기인하였을 가능성이 있다. 계측값을 살펴보면 132호 역
시 두개최대폭은 예안리 평균값보다 크다. 결실된 부위로 인하여 두개 최
대길이를 확인할 수 없었기 때문에 산출 가능한 지수가 거의 없지만, 폭
고지수는 85호와 동일하게 평두형에 속한다. 계측값으로 비교 가능한 부
위가 많지 않아서 수치상의 검토는 제한적이나, 외형을 관찰해 보니 주목
할 부분이 있었다. 전두골에서 굴절된 압흔이 확인된 것인데, 이 흔적의
바로 앞부터 결손된 상태여서 세밀한 검토는 불가능하였다. 다만 일반적
으로 세계의 두개변형 사례를 보면 끈이나 판과 같이 변형을 위해 사용한

도구의 압흔이 확인되기 때문에, 132호의 흔적 또한 이러한 변형의 흔적일 가능성이 존재한다. 그리고 다른 편두 개체들처럼 두정부가 측면으로 돌출된 상태이지만, 후두부에서는 편평함이 거의 확인되지 않는 특징을 보인다. 따라서 현시점에서 132호는 편두로 단정하기보다, 편두의 가능성이 높은 개체로 분류해 두고자 한다.

III. 예안리유적에서 확인되는 편두 풍습의 의미

한반도 고대사회와 관련하여 상세한 기록이 남겨진 『三國志』魏書卷30 「東夷傳」 韓條에는 다음과 같은 기사가 존재한다.

兒生, 便以石厭其頭, 欲其褊. 今〈辰韓〉人皆褊頭. 男女近倭, 亦文身.

이 기사를 해석해 보면, 아이가 태어나면 돌로 머리를 눌러 편평하게 만들기 때문에 지금의 진한사람들은 모두 머리가 편평하다. 즉 편두의 머리를 하고 있다고 언급하고 있다. 그렇기 때문에 삼한사회 특히 진한에서 보편적인 풍습으로서 편두가 존재했던 것으로 많은 연구자들은 이해하게 되었다. 하지만 이와 관련하여 실질적으로 뒷받침할 고고학적 증거는 확인되지 못하다가 예안리고분군의 인골들을 통해서 편두 풍습이 실재하였음을 확인하게 된 것이다.

그런데 편두의 존재를 언급했던 『三國志』는 중국 서진(西晉) 대의 3세기 후반에 진수(陳壽)가 편찬한 기록물이다. 기술된 내용 중에는 『魏略』을 참고한 내용이 등장하기 때문에, 『三國志』의 편찬 시기는 서진의 무제(武帝) 태강(太康) 연간인 280년에서 289년 사이에 어환(魚豢)이 『魏略』을 편찬하고, 진수가 사망한 297년 이전에 완성되었을 것으로 보인다. 따라서 『三國志』에서 언급하는 삼한, 특히 진한의 모습은 3세기 중엽 이전의 상황으로 볼 수 있을 것이다. 더욱이 기사에는 모든 진한인들이 편두를 했다는 내용이 포함되어 있는데, 당시의 작성자 혹은 관찰자 시점에서 상당히 많은 진한의 사람들이 편두라고 하는 풍습을 행하였다고 판단한 것으로 보인다.

그렇다면 3세기 이전의 삼한사회에서 편두라는 풍습은 실재했던 것인가라는 의문을 제기할 수 있다. 문헌기록과는 다르게 현재까지 고고자료로서 확인된 사례는 없는데, 그렇다고 하여 문헌의 기록은 오류이며 편두라는 풍습은 존재하지 않는다고 단정하기는 어렵다. 왜냐하면 3세기 이전의 삼한시대에 속하는 고인골 자료가 많지 않고, 더욱이 진한지역에 속하는 인골 자료를 확인하기도 쉽지 않기 때문이다. 특히나 두개골은 전신골 중에서 상당히 두께가 얇은 편이며 더욱이 내부에 공동(空洞)을 가진 볼륨감 있는 부위이기 때문에 발굴현장에서 온전하게 원형을 확인하기 어려운 대표적인 부위 중에 하나이다. 따라서 편두의 흔적을 확인할 만큼 비교적 양호한 두개골의 자료 확보가 어려운 형편이다. 그런 부분을 감안하면, 향후 3세기 이전의 인골 자료들에 대한 축적이 이루어진다면 편두가 확인될 가능성은 존재할 것이다.

다만, 현시점까지 단편적인 자료들을 통해서라도 확인되지 않던 편두가 『三國志』가 편찬된 이후인 4세기에 들어와서 처음으로 등장했다는 점은 주목할 필요가 있는 것으로 보인다. 예안리고분군은 4세기에서 7세기에 걸친 삼국시대 전반의 무덤이 축조되어 있는데 앞 장에서 편두 및 편두의 가능성이 높은 개체로 분류했던 4개체[2]는 모두 4세기 대 목곽묘에서 출토되었다. 특히 성인 3개체는 4세기 전엽에 해당되며, 미성인 개체만 4세기 중엽에 속하는 것으로 확인되었다. 대부분이 4세기 전반기에

....

2   고찰에서는 예안리유적의 편두 및 편두 가능성이 높은 개체를 모두 포괄하여 편두 개체로서 정리하고자 한다.

사망하여 매장된 피장자들로 볼 수 있는데, 성인 3개체 중 2개체는 모두 40~60세 사이의 숙년에 해당되므로 3세기 후반에 탄생하여 사망한 인물일 가능성이 높다. 성년으로 분류된 1개체도 매장 시점에 따라서는 3세기 후반에 탄생한 인물일 수 있기 때문에, 문헌에서 언급한 편두 풍습이 시행된 시기와 접점이 발생한다. 하지만 가장 늦은 시기에 매장된 5세의 유아는 온전하게 4세기의 인물이 된다. 이와 관련하여 小片 등(1988)은 3세기까지 유행하던 풍습이 점차 소멸되는 과정을 반영한 것으로 판단하였는데, 만약 이전부터 보편적인 풍습으로 존재했다고 가정하면 충분히 가능성 있는 설명으로 생각된다. 그러나 앞서 언급한 것처럼, 3세기 이전의 한반도에 편두 풍습이 전혀 확인되지 않는 상황에서 편두 풍습이 언제 시작되었고, 절정기는 어느 시점에 도달하여 어느 정도 범위에서 유행하였는지를 알 수 없으므로 예안리유적에서 확인된 편두가 소멸기의 편두 풍습인지 판단하기 어렵다.

그리고 문헌에서 언급한 진한의 지역이 아닌, 금관가야가 성장하던 4세기대의 김해지역에서 확인된 것은 어떻게 해석을 해야 할까. 금관가야는 변한을 모태로 하여 성장한 국가 중에 하나로, 금관가야의 중심묘역인 대성동고분군에서 볼 때 예안리고분군은 김해 외곽부에 조성된 묘역에 해당된다. 그렇게 보면 지리적인 차이가 발생하게 되는데, 이에 대해서 김정학(1981)은『三國志』내에서 진한과 변한 기사에 혼동이 있던 점을 지적하며 기사에서는 진한으로 언급하였으나 변한에서도 유사한 풍습이 존재했을 가능성을 제시하였다. 하지만 원문에서 반드시 오류가 존재한다는 사실을 확인할 수 없기 때문에 다양한 가능성을 열어놓고 생각해 볼 필요가 있다. 만약 문헌에서 단순하게 변한과 진한을 잘못 언급한 것이라면 앞서 이야기한 것처럼 예안리를 포함한 변한 지역에서 3세기 이전에 편두 풍습이 시작되고 유행되다가 4세기에 들어와서 점차 소멸의 과정을 맞이하였다고 해석할 수 있을 것이다. 그리고 진한으로 표기하였으나 당시에 진한과 변한의 풍습이 거의 동일했다면, 이 또한 전자의 가정과 동일하게 해석될 수 있다. 하지만 문헌에 기록된 내용처럼 진한에서만 유행한 풍습이라면, 예안리의 편두는 진한인들의 편두와는 별개의 편두 문화가 일시적으로 존재했다고 봐야 할 것이다. 즉, 변진한의 공통된 풍습으로서의 편두 문화인지 특정지역을 중심으로 한 특수한 풍습이었는지에 대한 검토가 필요한데, 이에 대해서는 추후 자료가 보완되면 보다 상세한 접근이 가능할 것으로 생각된다.

그러면 『三國志』의 기록과 상관없이 예안리고분군에서 확인된 편두의 특징에 대하여 살펴보도록 하겠다. 우선 전형적인 85호와 99호 개체의 두개골을 중심으로 확인해보면, 과단두형의 두개골이 특징이며 특히 두정골의 두정결절 부근이 옆쪽으로 돌출되어 두개골의 폭이 상당히 넓어지는 현상이 확인된다. 이는 전두부를 압박하여 누르는 과정에서 반사적인 영향으로 측면부의 발달로 이어지는 것으로 보인다. 그런데 예안리에서 확인된 2개체는 전두부가 상당히 편평하게 경사진 형태가 확인됨에 비하여 후두부의 편평성은 강하지 않다. 이번 연구에서 언급한 4개체 모두 후두부에서 어느 정도의 곡면이 확인되기 때문에 잉카문화의 전두-후방편평형 변형 형태와는 차이가 보인다. 따라서 예안리의 편두 방식은 전두부에 집중되어 시행된 것으로 판단할 수 있다. 전두부에 납작한 돌이나 평편한 판을 올려서 압박을 가했을 것으로 추정되는데, 小片 등(1988)은 아무런 고정 장치 없이 돌을 올려놓았을 가능성을 제시하며, 이런 경우에 시행 가능한 시점은 아기의 활동이 많지 않은 출생 후 1개월 전후하는 시점부터 짧은 시간 동안 수차례 반복하여 만들어낸 결과물로 생각하였다. 이러한 방식을 가정한 이유는 85호와 99호에서 끈이나 압박용 도구의 흔적이 두개골에서 거의 확인되지 않았기 때문에 일상적인 생활하는 동안에는 장착하지 않았던 것으로 고려한 듯하다. 그러나 세계 각지에서 행해진 두개변형의 방식을 참고하면 불안정하게 수면 중에만 올려두는 방식 이외에도 다양한 매듭방식을 활용하여 어느 정도 고정한 상태로 일상생활을 영위했을 가능성도 존재한다. 기본적으로 두개변형의 시행을 두개골이 매우 연약하고 고정되지 않은 신생아 단계부터 시작한다고 볼 때, 강력한 압박을 가하지 않아도 일정 강도의 압박을 지속적으로 가하면 충분히 변화를 만들어 낼 수 있다고 생각한다. 그렇기 때문에 141호의 존재는 중요한 의미를 가진다. 지금까지는 프로세스를 바탕으로 시행 연령을 추정해 본 것이지만, 141호는 실제로 어린 시절부터 편두를 위한 행위가 시도되었고, 5세 전에 어느 정도 편두의 형태가 완성되었음을 확인할 수 있는 사례가 되기 때문이다.

예안리고분군 내에서 4세기 대 무덤 중 인골이 출토된 무덤은 총 55기에 이른다. 유적 전체 190여 기의 무덤 중 약 35%에 해당되는 수량인데, 성인과 유아가 함께 합장된 1기를 포함하면 4세기에 속하는 인골은 56개체가 확인되었다(표 1). 그 중 편두 개체가 집중된 4세기 전엽에는 여성 11개체, 남성 3개체, 미성인 1개체와 성별 불명의 성인 1개체가 확인되어 모두 18개체가 존재한다. 주지하다시피, 편두 개체는 모두 여성이기 때문에 전엽의 여성 11개체 중 3개체가 편두가 시행된 것으로 추정할 수 있는데, 이는 비율로 보면 27%에 해당한다. 대략 4명 중에 1명이 편두를 행했다고 추정해 볼 수 있는 수치이다. 다만 성별 불명의 1개체가 여성이라면 비율은 25%로 약간 낮아진다. 그런데 편두가 성별에 상관없이 시행된 것이라고 본다면, 전엽에 매장된 개체 중 약 17%에 한정된다. 그리고 바로 후속하는 중엽이 되면 성인 개체는 확인되지 않으며 미성인의 1개체에서만 편두가 존재한다. 성별 상관없이 전엽에서 중엽까지의 총 32개체 중에서 편두 개체 비율을 살펴보면 12.5%까지 떨어진다. 이를 4세기 전체로 확대하면 7%대가 되어 예안리 집단 내에서 편두 풍습의 시행은 매우 소수의 사람들만이 선별적으로 행해진 것으로 해석할 수 있게 된다. 하지만 유아를 제외하고 모두 여성이었기 때문에 어느 정도 여성에게 한정된 풍습일 가능성을 고려하면, 4세기 여성 개체들 중에서 불명의 개체를 제외하고 편두 비율은 약 21%에 해당되는 것으로 보면 될 것 같다. 미성인의 성별과 불명의 성인 개체의 성별에 따라서 해당 수치는 상당한 변화를 보일 것이지만, 현 시점에서 가늠해볼 수 있는 수치는 상기의 값을 기준으로 한다. 즉, 동시대의 집단 내에서 편두는 일부의 여성에게 한정되어 시행되었으며, 이를 위하여 출생 직후 어린아이 때부터 실시하였던 것으로 이해할 수 있다.

그렇다면, 이때 편두를 행한 사람들은 어떤 존재이고 왜 편두를 시행하였던 것일까. 세계의 사례 중에서 일부는 두개변형을 하여 다른 신분과의 차별화된 고귀한 신분의 상징으로서 활용하기도 하고, 주술이나 의례와 같은 행위자의 역할을 상징하기 위해 시행하기도 한다. 다양한 형태의 변형 방법만큼, 다양한 이유로 두개를 변형하였는데, 예안리 집단에서 변형은 이를 추정할 수 있는 구체적인 고고자료가 확인되지 않는다. 무덤의 구조나 규모, 유물의 부장 양상을 통해서 살펴보아도, 유적 내에서 우월성이나 하위성이 두드러지지 않으며, 특수한 신분이나 지위를 상징할 만한 부장품이나 착장품 또한 확인되지 않았다. 따라서 고고자료를 바탕으로 편두 시행 이유를 파악할 수 없었다. 가능성으로는 특정 부위를 변형시킴으로서 동반되는 외형적인 변화가 당시에 중요한 미적 요소로 취급되었을 수 있으며, 혹은 건강이나 여러 가지 이유로 의례를 실시한 흔적일 수도 있다.

종합적으로 살펴보면, 예안리 집단에서 편두는 4세기 대 초반을 중심으로 일시적으로 시행되었으며, 집단 전체에서 보편적으로 실시하는 풍습이라기보다 특정 인물에 한정하여 선별적으로 시도된 것으로 추정된다. 그러나 해당 인물이 당시 사회에서 어떠한 역할과 지위에 있는지는 확인할 수 없었다. 그리고 예안리의 편두는 『三國志』에서 언급한 진한인의 편두 풍습이 광역으로 확대되어 유행하다가 예안리 지역까지 전파된 후에 4세기를 기점으로 소멸한 것인지, 진한과 별개로 변한지역에서 자체적으로 유행하다 가야시대까지 일부 계승되어 소멸된 것인지는 명확하지 않다. 다만 확실한 것은 4세기 전반기에 일시적으로 김해지역에 편두라고 지칭된 두개변형의 행위가 이루어졌다는 점이며 특히 전두부를 중심으로 압박하여 변형시키는 전두편평형의 일견 공통된 방식의 두개 변형이 확인되는 것이다. 그렇기 때문에 당시에 편두를 시행하던 사람들 사이에서는 편두 형성 방식을 공유하고 있었던 것으로 추정된다.

IV. 마치며

김해 예안리유적에서 출토된 편두 인골들을 살펴보며, 편두라는 풍습과 의미에 대하여 고찰해 보았다. 예안리의 편두 인골들은 기왕에 알려진 것처럼, 4세기 무덤에 한정하여 확인되었으며, 성별 또한 여성에 한정되어 있다. 그러나 해당 인물들이 당시에 어떠한 존재였는지는 고고자료를 통해서 확인하기 어려우며 문헌에 기록된 내용과도 정합을 이루지 않는 부분이 있기 때문에, 예안리 인골에서 확인되는 편두 풍습이 문헌 속 진한인의 편두와 동일한 풍습인지는 단정하기 어렵다. 이를 보완하기 위해서 『三國志』가 편찬되기 전인 3세기 중엽 이전에 한반도의 편두의 흔적을 확인할 수 있는 사례가 추가될 필요가 있으며, 예안리 이외의 지역에서 편두가 어떠한 방식과 양상을 띠는지 종합적인 검토를 통해서 한반도 고대의 편두 풍습에 대한 전모가 밝혀지길 기대해 본다.

참고문헌

加藤克知, 2009, 「形質人類学からみた古代アンデスの頭部に関する3つの風習-頭蓋變形,頭蓋穿孔(開頭術),戰勝首級-」, 『保健学研究』21(2).

고기석·손현준·이은경·박선주·김희진·한승호·정락희, 1999, 「옛 한국인과 현대 한국인의 얼굴편평도에 관한 인류학적 연구」, 『대한체질인류학회지』 12(2).

김남중, 2018, 「『魏略』 韓傳의 특징과 『三國志』·『三國史記』와의 관계」, 『한국고대사탐구』 28.

김정학, 1981, 「金海 禮安里 85號墳 出土 偏頭骨에 대하여」, 『韓沽劤博士停年紀念史學論叢』, 知識産業社.

김재현, 2013, 「몽골·우즈벡과의 형질을 통해 본 예안리 인골」, 『문물연구』 23, 동아시아문물연구학술재단.

金鎭晶·白先溶·森本岩太郎·吉田俊爾·小片丘彦·川路則友, 1985, 「金海 禮安里古墳群 出土人骨 (I)」, 『金海禮安里古墳群 I』, 釜山大學校博物館.

金鎭晶·小片丘彦·峰和治·竹中正已·佐熊正史·徐始男, 1993, 「金海禮安里古墳群出土人骨 (II)」, 『金海禮安里古墳群 II』, 釜山大學校博物館.

국립김해박물관, 2015, 『뼈? 뼈!』.

방민규, 2004, 『남한지역 유적 출토 인골 치아에 대한 연구-대별 계측, 비계측적 변화에 대한 비교를 중심으로-』, 한양대학교 석사학위논문.

釜山大學校博物館, 1985, 『金海禮安里古墳群 I』.

釜山大學校博物館, 1993, 『金海禮安里古墳群 II』.

小片丘彦·金鎭晶·吉田俊爾·峰和治, 1988, 「韓国礼安里遺跡出土の人工変形頭蓋」, 『日本民族·文化の生成1』, 六興出版.

小片丘彦, 1998, 「朝鮮半島出土人骨の時代的特徵」, 『鹿児島大学歯学部紀要』 18.

이경수, 2001, 『한반도 유적 출토 인골 연구-남녀 두개골의 시대별 계측적 변화에 대한 비교를 중심으로-』, 성균관대학교 석사학위논문.

이준정, 2011, 「작물섭취량 변화를 통해 본 농경의 전개과정: 한반도 유적 출토 인골에 대한 안정동위원소 분석결과를 중심으로」, 『한국상고사학보』 73.

田中良之, 2002, 「三国時代の親族関係(予察)」, 『韓半島考古学論叢』, すずさわ書店.

최경철, 2018, 「한반도 출토 인골의 황 안정동위원소를 통해 본 선사시대 사람들의 이주와 식단연구」, 『한국고고학보』 109.

坂田邦洋, 1996, 『比較人類学』, 靑山社.

Choy, K., O.R. Jeon, B.t. Fuller, and M.P. Richards, 2009, Isotopic evidence of dietary variations and weaning practices in the Gaya cemetery at Yeanri, Gimhae, *American Journal of Physical Anthropology* 142.

Jung, Hyunwoo, Eun jin Woo, 2016, Artificail deformation versus normal variation: re-examination of artificially deformed crania in ancient Korean populations,

Anthropological Science 125(1).

Mine, K., 1999, Morphological study of deformed crania from the Yean-ri site, Korea. *Acta Anatomica Nipponica* 74.

[표 1] 예안리고분군 4세기 대 무덤 출토 인골 일람

	유구번호	성별	연령	무덤형식	시기
1	74호	남성	성인	목곽묘	
2	75호	여성	성년?	목곽묘	
3	85호	여성	숙년	목곽묘	
4	90호	여성?	숙년	목곽묘	
5	92호	불명	성년	목곽묘	
6	99호	여성	숙년	목곽묘	
7	105호	여성	성년	목곽묘	
8	106호	여성?	약년(14~15세)	목곽묘	
9	108호	여성	성년	목곽묘	4세기전엽
10	112호	불명	성~숙년	목곽묘	
11	115호	여성	성년	목곽묘	
12	131호	남성	성년	목곽묘	
13	132호	여성	숙년	목곽묘	
14	136호	남성	숙년	목곽묘	
15	143호	여성	성년	목곽묘	
16	156호	여성	성년	목곽묘	
17	160호	불명	성인	목곽묘	
18	O호옹관	불명	신생아	옹관	
19	77호	남성	성~숙년	목곽묘	
20		불명	소아(6세)		
21	104호	남성	숙년	목곽묘	
22	107호	남성	숙년	목곽묘	
23	109호	여성	성년	목곽묘	
24	119호	불명	유아(3세)	목곽묘	
25	129호	여성	성년	목곽묘	
26	138호	여성	숙년	목곽묘	
27	139호	불명	유아(3~4세)	목곽묘	
28	140호	불명	유아(2~3세)	목곽묘	4세기중엽
29	141호	불명	유아(5세)	목곽묘	
30	144호	불명	소아(6세)	목곽묘	
31	147호	불명	유아(3~4세)	목곽묘	
32	151호	여성?	숙년	목곽묘	
33	11호	불명	유아(4세)	석곽묘	
34	12호	남성	성년	석곽묘	
35	25호	불명	유아(3세반)	석곽묘	
36	31호	불명	유아(2세미만)	석곽묘	
37	68호	불명	소아(6세)	석곽묘	

38	76호	불명	유아(1세반)	목곽묘	
39	86호	여성	숙년	목곽묘	
40	87호	남성	성년	목곽묘	
41	89호	불명	유아(1~2세)	목곽묘	
42	97호	남성	성인	석곽묘	
43	103호	불명	유아(2~3세)	목곽묘	
44	110호	남성	성년	석곽묘	
45	111호	여성?	숙년	목곽묘	
46	113호	불명	유아(2~3세)	목곽묘	4세기중엽
47	116호	남성	성년	석곽묘	
48	117호	남성	숙년	목곽묘	
49	120호	불명	유아(2~3세)	목곽묘	
50	124호	여성	성년	목곽묘	
51	133호	여성	숙년	목곽묘	
52	142호	남성	성년	목곽묘	
53	148호	불명	유아(5세)	목곽묘	
54	150호	남성	성년	목곽묘	
55	L호옹관			옹관	
56	N호옹관	불명	영아?	옹관	

[표 2] 예안리 편두인골 두개계측치

Martin No.	예안리 고분군						현대한국인*	
	85호	99호	141호	132호	n*	M*	n	M
1頭蓋最大長	162.0	149.0	(154)	-	10	176.0	50	168.2
5頭蓋基底長	82.0	-	69	-	6	99.5	50	95.8
8頭蓋最大幅	149.0	147.0	140	144	10	134.9	50	138.6
11兩耳幅	124.0	130.0	110	126	9	122.9	50	120.7
12最大後頭幅	109.0	120.0	105	116.2	-	-	50	105.0
17Ba-Br高	116.0	-	101	131	7	129.1	50	133.3
26正中失狀前頭弧長	114.0	-	87	-	8	121.0	50	122.6
27正中失狀頭頂弧長	112.0	103.0	125	101	9	120.6	50	121.7
29正中失狀前頭弦長	110.0	105.0	84.5	-	8	106.9	50	107.4
30正中失狀頭頂弦長	98.0	90.0	106.4	91	8	110.4	50	108.1
46中顔幅	-	104.0	81.7	98.6	8	99.4	50	95.6
47顔高	109.6	115.7	92	-	-	-	36	112.6
48上顔高	66.6	-	(55.5)	-	8	69.3	41	68.6
51眼窩幅	-	40.0	37	-	5	42.0	50	41.4
52眼窩高	-	-	(32.3)R	-	6	36.3	50	34.1
54鼻幅	-	-	-	22.9	7	26.6	50	25.2
55鼻高	(49)	54.0	-	-	7	51.0	50	49.9
61上顎齒槽幅	55.0	-	(56)	(55.5)	5	62.4	28	61.3
68下顎骨長	-	-	(69)	89.7	17	69.1		
68(1)下顎骨長	99.0	110	92.0	-	7	102.3	22	101.3
69オトガイ高	27.7	31.5	26.4	34.7	10	31.4	19	30.4
70下顎枝高	-	-	-	62.6	-	-	22	54.6
71下顎枝幅	31.0	-	-	37.3	-	-	22	32.3
79下顎枝角	135	142	122	118	-	-	22	128.5
8/1頭長幅示數	92.0	98.7	(90.9)	-	9	76.4	50	82.7
17/1頭長高示數	71.6	-	(65.6)	-	6	73.6	50	79.4
17/8頭幅高示數	77.9	-	72.1	91	7	94.8	50	96.2
27/26失狀前頭頭頂示數	98.2	-	143.7	-	-	-	50	99.5
29/26失狀前頭示數	96.5	-	97.1	-	-	-	50	87.5
30/27失狀頭頂示數	87.5	87.4	85.1	90.1	-	-	50	88.9
52/51眼窩示數(左)	-	-	89.7	-	5	85.5	50	82.4
54/55鼻示數	-	-	-	-	7	52.2	50	50.7
71/70下顎枝示數	-	-	-	59.6	-	-	22	59.5

*(小片 1988)

「예안리유적 출토 편두의 특징과 성격」에 대한 토론문

홍종하 경희대학교 한국고대사·고고학연구소,
서울대학교 의과대학 해부학교실

김해 예안리 출토 고분군은 삼국시대 가야문화를 대표하는 유적 중 하나로, 특히 이 유적에서 출토된 인골은 해당 시기 인골자료가 드문 우리나라에서 고고학/인류학적으로 큰 연구 가치를 지닙니다. 때문에 지금까지 여러 연구자들에 의해 예안리 인골에 대한 인류학적/고고학적/고고과학적 조사가 이루어져 왔으며, 다양한 연구 성과들이 보고된 바 있습니다. 그 중에서도 특히 주목할 만한 성과로는 인위적인 두개골 변형 사례가 존재하였음을 밝힌 연구를 들 수 있는데 이 성과는 기존 역사기록을 실증하는 중요한 증거로 활용되는 한편, 우리가 가야 사람들의 풍습을 좀 더 자세히 이해하는 데도 도움을 주었습니다. 때문에 이 인골들 중 인류학적 분석을 통해 편두 풍습의 존재를 밝힌 기존의 연구를 정리하는 한편, 지금껏 편두의심 개체로만 분류되었던 132호분과 141호분 두개골을 추가로 분석하여 그 의미를 논한 이하얀 선생님의 연구는 매우 흥미롭습니다. 본 토론자는 다만 발표문을 흥미롭게 읽은 독자의 입장에서 몇 가지 질문을 통해 부족한 이해를 보충하고자 합니다.

1. 발표자께서는 141호분 출토 인골의 인류학적 검사결과를 토대로 해당 인골의 연령이 5세 전후로 추정된다 하셨습니다. 저의 생각으로는 5세 전후 유아 개체의 경우 두개골의 성숙이 완료되지 않았기 때문에 수면자세와 같은 외부의 역학적 힘에 의한 비의도적 두개변형(unintentional cranial deformation)의 발생 가능성을 배제할 수 없다고 판단되기에, 이

에 관한 내용 또한 본문에 삽입하여 주신다면 독자들의 이해를 도울 수 있을 것으로 생각합니다. 또한 이러한 두개변형의 경우 두개골 조기 유합증(craniosynostose)과 같은 선천적 장애의 영향을 받는 경우도 있다고 알려져 있습니다(Twigg and Wilkie 2015). 141호 인골에 대한 인류학적 검사에서 이와 같은 특징을 고려하셨다는 내용을 설명하여 주신다면 독자의 이해가 좀 더 쉬울 것으로 생각합니다.

2. 예안리 출토 편두 인골을 대상으로 한 선행연구에서 Mine(1999)은 전두부의 편평함이 예안리 편두 인골의 특징이라 하였으나, Jung and Woo(2017)는 예안리 85호와 99호 두개골의 후두부 또한 정상인골에 비해 편평하다고 주장하며, 전두부 및 후두부의 편평함이 예안리 인골의 특징이라 서술하고 있습니다. 발표자께서는 후두부에서의 편평함이 정상 개체와 비교할 경우 두드러지게 차이가 확인되지 않으며 이러한 요소들이 예안리고분군 편두 개체의 특징적인 부분이라 하셨는데, 이 부분에 대해 조금 더 자세히 설명해 주셨으면 합니다. 또한 Mine(1999)의 경우 예안리 132호 출토 두개골의 후두부가 정상인골에 비해 편평하다 주장하고 있습니다(Mine 1999; 표 2). 발표자께서는 132호 개체의 경우 후두부에서 편평함이 거의 확인되지 않는 특징을 보인다고 하셨는데 이에 대해서도 조금 더 자세히 설명하여 주신다면 독자들의 이해에 큰 도움이 될 것이라 생각합니다.

3. 132호 인골의 경우 전두부와 안면골의 손실로 인해 편두로 단정할 수 없으나 편두의 가능성이 높은 개체라 서술하셨습니다. 발표자께서는 이러한 주장의 근거로 132호의 두개최대폭이 예안리 평균값보다 크며, 전두골에서 굴절된 압흔이 확인되었음을 제시하셨습니다. 전두골 압흔의 경우 저와 같이 실견하지 못한 독자의 입장에서 좀 더 명확한 사진자료가 본문에 첨부되었으면 하는 바람이 있습니다. 또한 제시하신 두개

최대폭의 경우 Mine의 1999년 논문을 참고해 보았을 때 100호는 156, 131호는 159로 계측된 바 있습니다. 132호 인골 두개최대폭이 144라는 점을 고려해 보았을 때 이와 같은 선행 보고 사례는 독자들에게 혼란을 줄 가능성이 있습니다. 기존에 편두의심 사례로 보고된 8개체 중 132호 인골을 선택하여 보고하신 이유에 대해 조금 더 자세히 설명하여 주신다면 이해가 쉬울 것으로 생각합니다.

4. 132호 인골의 경우 전두부와 안면골의 손실로 인해 편두로 의심되나 그 판정이 불완전하다고 보고하였는데 혹시 향후 3차원 영상 촬영(3D scan) 또는 컴퓨터 단층 촬영(CT scan)을 이용하여 재검토하실 계획이 있는지, 발표자께서 보시기에 상기한 방법으로 재검토가 가능할지에 관해 여쭤보고자 합니다. 발표자께서 제시하신 인골 측면 사진(그림 8)을 볼 때 일견 손실된 부위를 미러링(mirroring) 기법을 이용해 재구성이 가능할 것으로 생각됩니다만 향후 다른 기법을 사용하여 편두인골인지 여부를 확인해보는 계획이 있다면 말씀해주셨으면 합니다.

편집 후기

문화에서 확인되는 풍습이란 가장 보수적이며 집단의 특성을 잘 보여준다고 할 수 있다. 가야의 풍습은 『삼국지(三國志)』 위서 동이전 등 문헌 자료에서 확인되며, 묘제나 부장품 등을 통해 고고 유물에서도 일부 확인된다. 문헌 자료상에서는 문신과 편두, 발치 등 다양한 가야의 풍습이 전해지지만, 실증 자료의 부족으로 인해 그간 가야의 풍습에 대한 고고학적으로 심도 깊은 논의는 이루어지지 못했다.

'편두編頭'란 뼈가 성장하는 단계인 유아기 때 나무나 돌, 천 등을 머리에 둘러 두개골을 인공적으로 변형하는 것을 말한다. 가야 사람의 풍습 중 편두에 관한 문헌 기록은 서기 3세기 중국의 진수(陳壽, 233~297)가 쓴 『삼국지』 위서 동이전에 기록되어 있다. 가야의 가장 특이한 습속이라 할 수 있는데, 1976년부터 부산대학교 박물관에서 조사한 '김해 예안리 유적' 발굴조사를 통해 편두가 확인되어 문헌 기록상의 편두가 실증되었다.

편두 인골이 확인된 '김해 예안리 유적'은 다수의 유구가 중첩되어 선후 관계 파악을 통해 가야 유적 편년 수립에 많은 역할을 했다. 또한 다수의 가야 인골이 확인되어, 당대인의 모습을 파악할 수 있는 자료를 제공하였다. 김해 예안리 유적 발굴 이후 40년간 축적된 문헌과 고고학의 연구 성과를 바탕으로 편두의 고고학적인 양상과 문화인류학적인 특성을 면밀히 살펴보고자 부산대학교 박물관과 공동으로 이번 심포지엄을 기획하였다.

심포지엄은 1개의 기조발표와 5개의 주제발표로 이루어졌다. 기조강연에서는 예안리 고분군을 만든 집단의 사회 내부 구조와 유적이 가진 학사적 중요성에 대해 살펴보았다. 주제 발표는 예안리 유적 편두 인골 출토 고분의 성격을 다루는 것을 시작하여, 가야 고분의 순장문화 전반에 대해 분석 또한 시도했다. 형질인류학적으로 중앙아시아 지역과 예안리 인골을 비교하려는 시도도 있었다. 이와 함께 유라시아 지역의 다양한 편두 사례들을 살펴봄으로써 비교 검토도 함께 이루어졌다.

특히 편두로 알려진 예안리 85호, 99호 분묘 인골과 함께 의심개체로 분류된 인골 형태를 분석하여, 두개골 전두부를 중심으로 압박해 변형시키는 공통된 방식의 변형임을 확인했다. 또한 편두는 4세기 초반 일시적으로 시행됐으며, 집단 전체의 보편적 풍습이라기보다 특정 인물에 한정해 선별적으로 시도된 것임 확인하였다.

비록 실체 규명이 어렵지만 가야의 풍습 연구는 가야 문화 전반에 대한 이해의 틀을 제공한다는 점에서 중요하다. 이번 학술심포지엄은 김해 예안리 고분군과 편두에 관한 기존의 연구 성과를 정리하고 고고·인류학 자료를 활용한 최신 연구 성과를 확인할 수 있는 시간이었다. 앞으로 '편두'를 포함한 가야의 풍습에 대한 논의가 더욱 활발해지기를 기대한다. (고영민)